寫作有法

思維導圖系列

強化作文組織能力

中華書局

□ 責任編輯：莫玉儀
□ 裝幀設計：林惠儀

思維導圖系列

寫作有法
強化作文組織能力

□
主編
牟懷松

□
出版
中華書局（香港）有限公司
香港鰂魚涌英皇道 1065 號東達中心 1306 室
電話：（852）2525 0102　傳真：（852）2713 8202
電子郵件：info@chunghwabook.com.hk
網址：http://www.chunghwabook.com.hk

□
發行
香港聯合書刊物流有限公司
香港新界荃灣德士古道220-248號
荃灣工業中心16樓
電話：（852）2150 2100　傳真：（852）2407 3062
電子郵件：info@suplogistics.com.hk

□
印刷
美雅印刷製本有限公司
香港觀塘榮業街 6 號 海濱工業大廈 4 樓 A 室

□
版次
2011 年 2 月初版
2021 年 5 月第5次印刷
© 2011 2021 中華書局（香港）有限公司

□
規格
正 16 開（260 mm×183 mm）

□
ISBN：978-988-8104-18-5

前言

「思維導圖」可幫助我們還原構思文章的過程，迅速理清思路，並把握行文的順序，掌握各類文章的寫作模式與寫作方法。

具體而言，寫作過程可還原為以下步驟：

看到題目，確定寫作對象

回憶熟悉的、印象深刻的人物／場面，選取寫作材料，
並用一些關鍵詞來概括

根據關鍵詞作合理的聯想，把它們串連起來，
再看看哪些部分詳寫，哪些略寫

根據思路，繪製思維導圖。例如選定寫班長，
通過具體的事例描寫班長的個性

根據思維導圖寫出文章

檢查文章與思維導圖是否一致

將已掌握的模式靈活運用，以應對不同的題目

學習「思維導圖」，然後舉一反三，寫作的組織能力將逐步提升。同學們，由今日開始積極地練習吧！

目 錄

使用說明

作文題目：
按「亮出我觀點」、「記敘真體驗」、「寫景貴優美」、「情真觸動深」、「想像見奇趣」及「書信傳衷情」六個方面分類，為學生經常接觸的題材。

關鍵詞：
收到題目後，選取寫作材料，以關鍵詞概括。

我的寫作大綱：
下筆前梳理寫作思路，安排詳略結構。

佳作共賞：
以全國優秀學生作品為範文，啟發思路，充實寫作詞庫，提升表達能力。

矮個子（高個子）的自白

我的寫作大綱

關鍵詞 _____

	段落大意	內容
開始		
中間		
結尾		

佳作共賞

我，芳齡十歲，綽號「矮腳虎」，常常為矮「勞心傷神」。

十歲的大好年華，好比旭日東升，眼見同學一個個像鑽天白楊，而我卻還是一株「小小草」，站在同學中，「難立鶴羣」，唉，這次第，怎一個愁字了得！

這位說了：「別急，別急，急也沒用。」那位說了：「肯定會長高的，只是時間未到，時間一到必會長高。」我嘴上應和着「嗯，是是是」，卻始終難以釋懷：「真是站着說話不嫌腰疼，你要是如我這般矮小，說不定比我還着急。每天和同學說話，都得仰視，太傷自尊了。」

因父母才三十歲出頭，所以人人見了我們一家都忍不住問：「你們有這麼大的

寫作手法
以幽默的方式表現自己對身材矮小的看法

外貌描寫，巧用比喻，同窗都像「鑽天白楊」而「我」卻像「小小草」，把身材不高的「鬱悶」充分地描述出來

心理描寫，表明自己非常在意，即使是有人安慰也不能徹底打消心中的介意想法

寫作手法：
點明優秀作品的寫作技巧，有助吸收及欣賞。

思維導圖：
梳理範文的行文結構及思路，分析段落間的關係；橫向及縱向閱讀均有助掌握文章的脈絡。

思維導圖

關鍵詞　矮腳虎　鬱悶　努力長高　順其自然

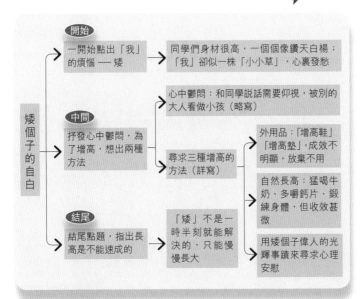

良師點評

　　作者將自己最具個性的外形特點——「矮」寫入文章，鮮明地亮出了文章的中心思想。作者的構思非常巧妙，自己為了「增高」想盡各種辦法，失敗後甚至搜集了矮個子偉人的事例來激勵和安慰自己，形象生動地將自己渴望長高及長大的心理描述出來，非常成功，值得借鑒。

良師點評：
由名師指出文章中值得學習之處。

12

一、亮出我觀點

　　甚麼是作文中的個性？簡單說，就是用獨特的語言，記錄自己的真實生活，進而表達獨特的見解。有「個性」的文章最能抓住讀者的注意，容易得到高分。那麼，如何寫出最具個性色彩的文章呢？可以從下面三個方面入手：

1　觀點要明確。要對生活中常見的事物闡述自己獨特的個性見解，或肯定、或否定，或表揚、或批評，要在寫作中明確表達自己的觀點，寫出新意。

2　行文思路要清晰。寫文章貴乎思路清晰、結構分明；開篇先直接亮出文章的重點，給人「提綱挈領」的感受，然後再一步步分列詳寫，或在適當的位置加插有趣味的小標題，串連文章的主要內容，都容易凸顯作者的思想及個性。

3　語言要富幽默感。語言的個性，是指文章語言的風格要與眾不同，用幽默的語言表現自己活潑、可愛的一面。能夠在寫作時表現自己的個性特質，文章定會增色不少。

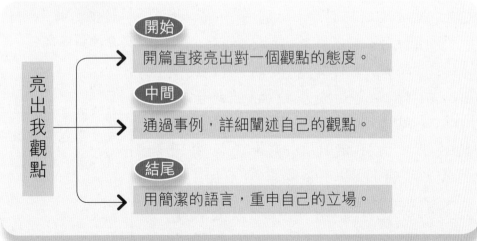

矮個子（高個子）的自白

我的寫作大綱

關鍵詞 _____

	段落大意	內容
開始		
中間		
結尾		

佳作共賞

我，芳齡十歲，綽號「矮腳虎」，常常為矮「勞心傷神」。

十歲的大好年華，好比旭日東升，眼見同學一個個像鑽天白楊，而我卻還是一株「小小草」，站在同學中，「難立鶴羣」，唉，這次第，怎一個愁字了得！

這位說了：「別急，別急，急也沒用。」那位說了：「肯定會長高的，只是時間未到，時間一到必會長高。」我嘴上應和着：「嗯，是是是」，卻始終難以釋懷：「真是站着說話不嫌腰疼，你要是如我這般矮小，說不定比我還着急。每天和同學說話，都得仰視，太傷自尊了。」

因父母才三十歲出頭，所以人人見了我們一家都忍不住問：「你們有這麼大的

寫作手法

以幽默的方式表現自己對身材矮小的看法

外貌描寫，巧用比喻，同窗都像「鑽天白楊」而「我」卻像「小小草」，把身材不高的「鬱悶」充分地描述出來

心理描寫，表明自己非常在意，即使是有人安慰也不能徹底打消心中的介意想法

孩子了？」一旁的我沾沾自喜，可轉瞬間一盆冷水就從頭頂澆下，來了個透心涼——「幾年級了，有二年級了吧？」鬱悶啊！

為了治療我的「內傷」，我開始關注廣告，甚麼「增高靈」、「增高鞋」、「增高墊」……但我始終懷疑這些產品的效果，特別是藥物類產品更不敢亂吃。當然在這些產品中，也有管用的，比如「增高墊」，只要穿上它，立即「長高」四厘米，那效果可真是立竿見影啊！但穿上它站在同學之間，我還有「雞立鶴羣」的感覺，我還是那個不起眼的我，還是那個踮着腳尖、伸長手臂才能碰到黑板高處的「矮腳虎」。

我也試過猛喝牛奶、多嚼鈣片、參加體育鍛練，大概這些方法的效果「潛伏期」比較長，目前還沒有顯著「療效」。我很着急，可又沒有甚麼高招兒，總不能穿上媽媽那又高又細、能把地球捅個窟窿的高跟鞋去上學吧！於是，我把全世界矮個子偉人的光輝形象和他們的豐功偉績全部羅列出來，用來激勵自己，順帶自我安慰。

我很矮，可說不定事情會有轉機，畢竟我才十歲。我努力，我期盼……

（俞任嬌）

誇張手法，誇大了高跟鞋的「尖」、「高」的特點，增加趣味

思維導圖

關鍵詞　矮腳虎　鬱悶　努力長高　順其自然

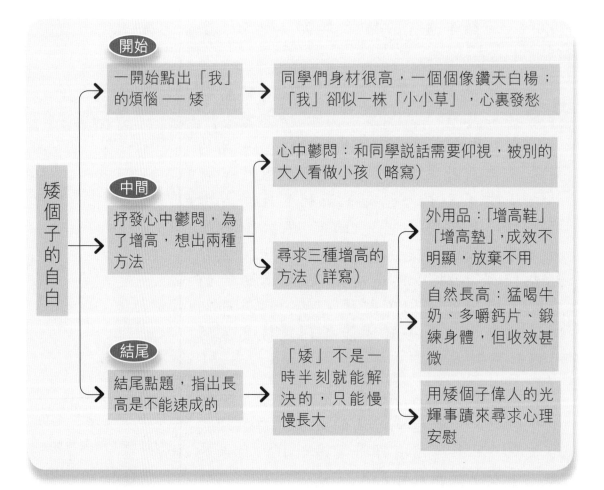

開始

一開始點出「我」的煩惱——矮 → 同學們身材很高，一個個像鑽天白楊；「我」卻似一株「小小草」，心裏發愁

中間

抒發心中鬱悶，為了增高，想出兩種方法

心中鬱悶：和同學説話需要仰視，被別的大人看做小孩（略寫）

尋求三種增高的方法（詳寫） → 外用品：「增高鞋」「增高墊」，成效不明顯，放棄不用

自然長高：猛喝牛奶、多嚼鈣片、鍛練身體，但收效甚微

結尾

結尾點題，指出長高是不能速成的 → 「矮」不是一時半刻就能解決的，只能慢慢長大

用矮個子偉人的光輝事蹟來尋求心理安慰

矮個子的自白

良師點評

　　作者將自己最具個性的外形特點——「矮」寫入文章，鮮明地亮出了文章的中心思想。作者的構思非常巧妙，自己為了「增高」想盡各種辦法，失敗後甚至搜集了矮個子偉人的事例來激勵和安慰自己，形象生動地將自己渴望長高及長大的心理描述出來，非常成功，值得借鑒。

下輩子，當男孩（女孩）

我的寫作大綱

關鍵詞 _____

	段落大意	內容
開始		
中間		
結尾		

佳作共賞

「媽——我回來了！」我拖着被大雨弄濕了的「水鞋」走進屋內，扯開嗓門喊着。

「哎呀，我說過多少次，你進屋前要先脫鞋！還有還有，女孩子說話嗓音宜輕柔些，哪像你呀，扯開嗓門大喊大叫的，想讓全世界都聽見嗎？」老媽一面不辭辛苦、不厭其煩地發表長篇大論，一面為我脫鞋。「全世界都聽見，那我不就出名了嗎？」我一邊傻笑着，一邊想像着我有了名氣的樣子，心裏甜滋滋的。「是！電影圈缺了你這麼一個『假小子』丫頭，真是一大損失啊！你知道嗎？女孩子要站有站相，坐有坐相，走路不能急，做事不能風

寫作手法

動作、語言描寫，具體地表現「我」的隨性、不拘小節，不像「淑女」，酷似男孩的行為

風火火的⋯⋯」我和媽媽說着話，鞋被脫了下來。

　　其實，為甚麼男孩可以大大咧咧，而女孩子要乖巧聽話？男孩可以扯着嗓門大喊大叫，女孩要輕聲細語地說話？男孩可以兩步並作一步走路，女孩子要一步分兩步走？男孩是頂天立地的熱血代表，女孩子只能是軟弱無力的替身？想到這些，我有些忿忿不平。

對比手法、反問句式，表述不滿女孩的循規蹈矩、被照顧，羨慕男孩的無拘無束、敢作敢為

　　還有還有，男孩被老師批評啦、罰站啦，總是一副玩世不恭的表情。而女孩就不同了，要是被哪個老師說了一句，淚珠保證在第一時間滾出來，要不臉紅得像煮熟的雞蛋。男孩總喜歡跟老師作對。就說週五的電腦課吧，老師說我們紀律差，要罰站，這可不得了啦！男生們個個像屁股着了火似的跳起來，要「起兵造反」。可憐了我們女生啊，明明一句話都沒說，也要跟着受牽連。我也想參加「造反組」，可是有那心沒那膽！

誇張修辭的巧妙應用，突出了女孩羞澀、愛臉紅的特點

　　當男孩的好處三天三夜也說不完，只求上天讓我下輩子當男孩吧！

（沈康捷）

思維導圖

關鍵詞 不做淑女 羨慕男孩 規矩 自由 下輩子

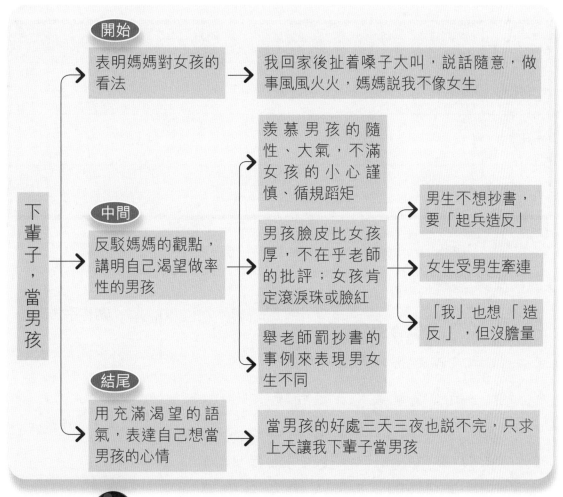

開始

表明媽媽對女孩的看法 → 我回家後扯着嗓子大叫，説話隨意，做事風風火火，媽媽説我不像女生

下輩子，當男孩

中間

反駁媽媽的觀點，講明自己渴望做率性的男孩 →

- 羨慕男孩的隨性、大氣，不滿女孩的小心謹慎、循規蹈矩
- 男孩臉皮比女孩厚，不在乎老師的批評；女孩肯定滾淚珠或臉紅 →
  - 男生不想抄書，要「起兵造反」
  - 女生受男生牽連
  - 「我」也想「造反」，但沒膽量
- 舉老師罰抄書的事例來表現男女生不同

結尾

用充滿渴望的語氣，表達自己想當男孩的心情 → 當男孩的好處三天三夜也説不完，只求上天讓我下輩子當男孩

良師點評 ☑

　　本文的構思頗具心思，作者採用了「你説我辯」的結構方式：先引出媽媽對自己的看法——不像女孩，隨後通過辯駁媽媽的觀點來表明自己的立場——渴望做一個自由隨性的男孩，並列舉事例表明自己嚮往成為男孩。形式新穎，想法獨特，能表現自我個性的特點。

我的三怕

我的寫作大綱

關鍵詞 _____

	段落大意	內容
開始		
中間		
結尾		

佳作共賞

對我來說，人生有「三大怕」。

「三大怕」排行榜：

第一怕：沒事做。害怕指數：100%。

案例：春節期間，我們全家去外婆家，我沒帶書看，亦沒有帶遊戲機。結果，我無事可做。大人們各自做不同的事情，我想幫他們做一些力所能及的事，卻遭媽媽拒絕，她說：「坐在廳中看書去。」唉！沒帶書怎麼看啊？沒事做的光陰真難熬。

第二怕：考試考砸了。害怕指數：99.9%。

寫作手法

加上適當的標題，申連全文，表達想法。

　　案例：這幾天，我學習成績下降了，媽媽對此很是關注。當知道我期中考試的成績是語文80分、數學70分、英語65分時，媽媽十分生氣。她主動跑去學校找我的班主任吳老師談話。吳老師證實了媽媽的猜測，我的成績確實下降了。回家後，媽媽將吳老師的話告訴了爸爸。這下可糟了，爸爸罰我期末考試前不許玩電腦。心裏哀叫一聲：慘！

　　第三怕：等人。害怕指數：90%。

　　在學校裏，我擔任着許多職務，值日生、鼓號隊員等，常常會有等人的情況發生。那天鼓號樂隊排練，我相約一名隊員在快餐店門外等。我很早到來，卻不見隊員的蹤影。我一直站着等他，他卻遲遲不來。我越等心越煩，本來不想等的，可一想到相約好了……還是等吧。等人的時間真難熬啊！

　　唉！怕就怕我碰上霉運呢。

（趙青）

心理描寫，因為考試考成績不好，電腦也不讓玩了，心裏很鬱悶，表現「我」怕

心理描寫，寫出「我」不想等人的鬱悶心情

思維導圖

關鍵詞 沒事做 考試考砸 等人 霉運

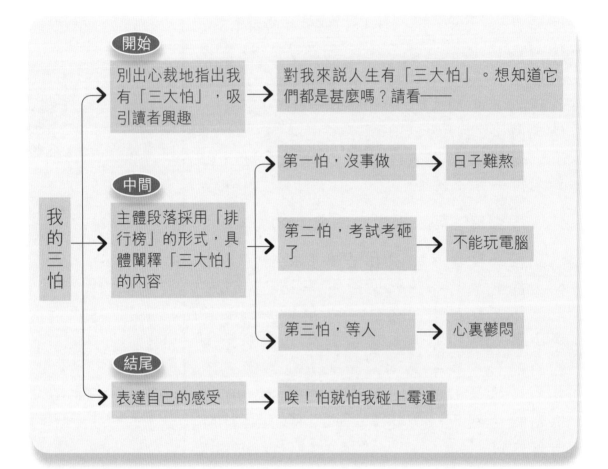

良師點評

　　本文條理清晰，作者首先開宗明義地寫出自己有三怕，然後按照「排行榜」的順序，從第一到第三敍述下去，表現了自己怕沒事做、怕考試成績不好和怕等人的「三大怕」，層次感強，給人耳目一新的感覺，值得參考。

甚麼東西氣力最大？

我的寫作大綱

關鍵詞 _____

	段落大意	內容
開始		
中間		
結尾		

佳作共賞

有這樣一個故事。

有人問：世界上甚麼東西的氣力最大？回答紛紜得很，有的說「象」，有的說「獅」，有人開玩笑似的說：是「金剛」，金剛有多少氣力，當然大家全不知道。

結果，這一切答案完全不對，世界上氣力最大的，是植物的種子。一粒種子所可以顯現出來的力，簡直是超越一切。

人的頭蓋骨，結合得非常細密與堅固，生理學家和解剖學者用盡了一切的方法，要把它完整地分出來，都沒有這種力氣。後來忽然有人發明了一個方法，就是

寫作手法

以故事起段，吸引讀者追看下去

先破後立，先否定世上氣力不是最大的事物，從而帶出個人觀點

舉例說明，以具體例子說明種子的力量

把一些植物的種子放在要剖析的頭蓋骨裏，給它以温度與濕度，使它發芽。一發芽，這些種子便以可怕的力量，將一切機械力所不能分開的骨骼，完整地分開了。植物種子的力量之大，如此如此。

這，也許特殊了一點兒，常人不容易理解。那麼，你看見過筍的成長嗎？你看見過被壓在瓦礫和石塊下面的一棵小草的生長嗎？它嚮往陽光，為了展現生存的意志，不管上面的石塊如何重，石與石之間如何狹，它必定要曲曲折折地，但是頑強不屈地透到地面上來。它的根往土壤鑽，它的芽往地面挺，這是一種不可抗拒的力，阻止它的石塊，結果也被它掀翻，一粒種子的力量之大，如此如此。

沒有一個人將小草叫做「大力士」，但是它的力量之大，確是世界無比。這種力是一般人看不見的生命力。只要生命存在，這種力就要顯現。上面的石塊，絲毫不足以阻擋。因為它是一種「長期抗戰」的力；有彈性，能屈能伸的力；有韌性，不達目的不止的力。

（夏衍）

設問法，帶領讀者一起思考，並藉此引出下文

總結小草的特點，藉此展現種子的生命力

思維導圖

關鍵詞　象　獅　金剛　種子　頭蓋骨　竹筍　小草

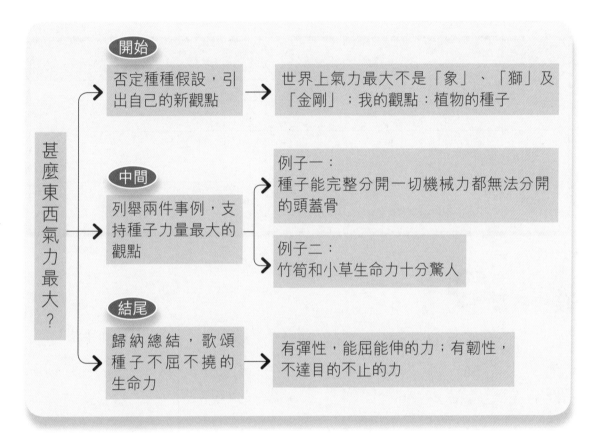

甚麼東西氣力最大？

開始
否定種種假設，引出自己的新觀點　→　世界上氣力最大不是「象」、「獅」及「金剛」；我的觀點：植物的種子

中間
列舉兩件事例，支持種子力量最大的觀點
　　例子一：種子能完整分開一切機械力都無法分開的頭蓋骨
　　例子二：竹筍和小草生命力十分驚人

結尾
歸納總結，歌頌種子不屈不撓的生命力　→　有彈性，能屈能伸的力；有韌性，不達目的不止的力

良師點評

　　本文提出了一個新穎的說法：植物的種子實際上是世界上力量最大的。文章開篇先破後立，通過人們討論世界上甚麼力量最大，引出自己的觀點——種子的力量最大，然後列舉兩個事例加以證明。最後，作者重申觀點，對生命的力量給予了高度的肯定和讚揚。全篇觀點明確、清晰、有說服力。

我喜歡的動物

我的寫作大綱

關鍵詞 _____

	段落大意	內容
開始		
中間		
結尾		

佳作共賞

我喜歡各種各樣可愛的動物，如小白兔、小花貓、小花狗、大熊貓……我最喜歡的是大熊貓。

大熊貓是中國的國寶，牠們的故鄉在四川。大熊貓長得特別可愛，胖乎乎，毛茸茸的，特別引人注目。牠的毛大部分是白色的，只有眼圈、耳朵、鼻子、嘴和四肢是黑色的。牠那黑黑的眼圈遠看就像是戴着一副墨鏡。大熊貓走起路來左搖右擺的，加上牠那笨拙的動作，有趣極了！

我曾參觀廣州動物園，那裏的大熊貓會表演各種各樣的節目，如倒立、爬樹、轉呼啦圈兒、鑽圈兒、推小車、翻跟

寫作手法

外貌、動作描寫，凸顯了大熊貓可愛、討人喜歡的一面，觀察細緻

頭……我最喜歡看的是大熊貓推小車。牠胖嘟嘟的，站起來扭着屁股不緊不慢地推着小車向前走，還不時地看看周圍的觀眾，似乎在問：我的表演精彩嗎？那樣子真是可愛極了！待觀眾為牠鼓掌時，它又站起來，像要向大家鞠躬致謝，真是十分精彩！

動作描寫、擬人手法，表現了大熊貓憨態可掬的樣子和作者對牠的喜愛之情

我知道大熊貓不像小松鼠那樣喜歡吃可口的松果，也不像小刺蝟那樣喜歡吃新鮮的蘋果，它最喜歡吃的是竹葉和竹筍。

用其他動物襯托大熊貓樸實、可愛

我喜歡大熊貓，不僅因為牠的天真和可愛，更因為牠是中國的珍稀動物，我們一定要好好保護大熊貓。

(張鈴菲)

良師點評 ☑

　　小作者通過描寫大熊貓可愛的外形、笨拙的動作、精彩的表演及飲食的習慣，說明自己喜歡大熊貓的原因。結尾發出保護大熊貓的呼籲，使主題更突出。文章語言生動活潑，充滿童趣。

關鍵詞　大熊貓　外貌　可愛　表演　精彩　保護

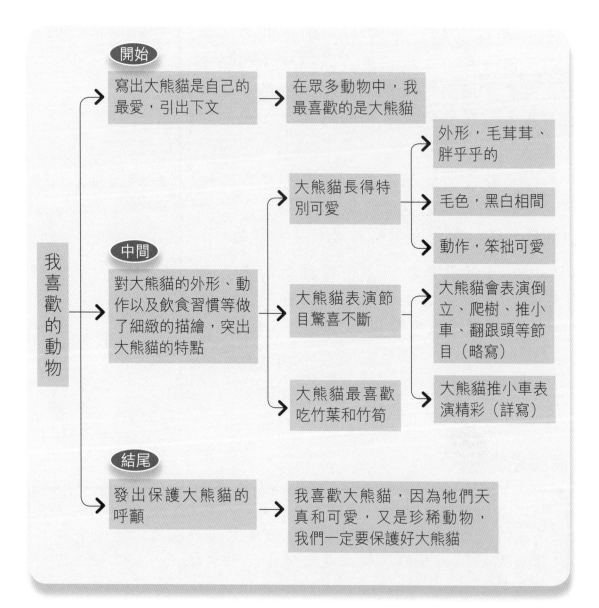

我的增高（減重）計劃

我的寫作大綱

關鍵詞 _____

	段落大意	內容
開始		
中間		
結尾		

佳作共賞

個子不高一直讓我煩惱不已。上學期還不明顯，可到了下學期，一些原比我矮的同學一下子超越我，長得比我高了。每次上體育課我總是排在最後，心裏不是個滋味。我把煩惱告訴了爸爸媽媽，他們聽了也很着急。為此我們召開了「家庭會議」，最終制訂了幾個方案。暑假開始，也就意味着「魔鬼訓練」計劃的開始。

方案一：蹦跳計劃

媽媽建議我每天跳高，用手碰門框，每次不能少於三十個。這對於我這個個子不高且彈跳力又不好的人來說，真是一項頗有難度的計劃啊！起初，我怎麼努力跳

寫作手法

動作描寫，表現經過辛苦的練習，蹦跳的成績逐漸提高，身高在增長

也夠不到門框，兩天下來，手臂、腿、腳甚至全身都有些酸痛難忍。好幾次我都想放棄，不過在爸媽的鼓勵下，我堅持下來了。蹦跳計劃順利實施，一開始我只有指尖能碰到門框，漸漸地，指節也能碰到了，最後竟然能用手掌碰到門框了！雖說很辛苦，但為了長高，我拼了！

方案二：跑步計劃

爸爸說，光跳還不行，還要堅持每天跑步。於是爸爸放棄了晚飯後寶貴的休息時間，陪我跑步。我們一邊跑一邊用英語對話，玩英語單詞接龍的遊戲。哈哈！一邊跑步還可以一邊學習知識，真是兩全其美！漸漸地，我越來越喜歡跑步了。不料，這時爸爸卻打起了退堂鼓。一次，我獨自在前面跑着，回頭卻發現爸爸不見了。我疑惑地跑回家，發現爸爸正躺在沙發上看電視呢。我有些生氣，向媽媽告了狀。結果第二天，媽媽罰爸爸多跑一圈。哈哈，老爸，看你還偷不偷懶！

方案三：營養計劃

為了讓我更快地長高，我們還制訂了第三個計劃──增加營養。媽媽在網上查了一些能促進身體發育長高的食品，每天變着花樣地做給我吃。這可是「魔鬼訓

心理描寫，看爸爸偷懶被罰，「我」心裏偷笑，生活化的場景表現父女情意

練」計劃中最讓我興奮不已的計劃。今天是魚，明天是菠菜……更讓我開心的是，每天晚飯後都有一盤美味的水果沙拉，我嘴裏吃着沙拉心中偷笑不已——那味道真是好極了。

一個暑假的魔鬼訓練結束了。開學前一天晚上，媽媽幫我量了一下身高，啊，我真的長高了！從1.42米長到了1.46米，我開心極了。全家人都為我高興，爸爸笑得嘴角都咧到了耳根；連聲說有他的功勞，媽媽笑着說要獎勵我吃一頓肯德基。看到大家都為我高興，我也哈哈大笑起來。沒想到，「增高計劃」不僅使我長高了，還促進了全家人感情的融合，真是「一舉兩得」！

(王宇凡)

心理描寫，表現營養計劃帶給「我」的「福音」，吃到好吃的還能長高，心裏真美

良師點評 ☑

作者將一個暑假的「增高計劃」描寫得生動活潑、幽默風趣。開篇指出這次計劃的主要目的，起到提綱挈領的作用；隨後列出了三個極富針對性的方案，寫出了「我」在全家人的共同幫助下不斷長高；結尾將一個假期努力的結果寫了出來，而且表明這次計劃還促進了全家的感情，非常成功。

思維導圖

關鍵詞 增高計劃 蹦跳 跑步 營養 長高

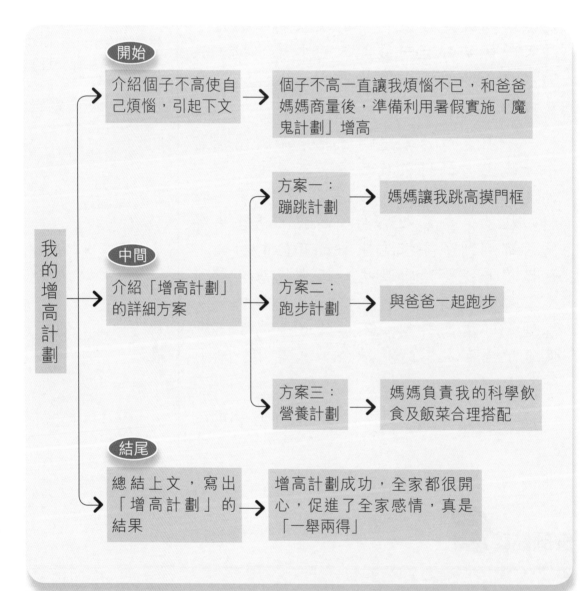

我的增高計劃

開始
介紹個子不高使自己煩惱，引起下文 → 個子不高一直讓我煩惱不已，和爸爸媽媽商量後，準備利用暑假實施「魔鬼計劃」增高

中間
介紹「增高計劃」的詳細方案

方案一：蹦跳計劃 → 媽媽讓我跳高摸門框

方案二：跑步計劃 → 與爸爸一起跑步

方案三：營養計劃 → 媽媽負責我的科學飲食及飯菜合理搭配

結尾
總結上文，寫出「增高計劃」的結果 → 增高計劃成功，全家都很開心，促進了全家感情，真是「一舉兩得」

二、記敘真體驗

　　所謂記敘真體驗，就是記述在成長中經歷的一些事件、片段，寫出在其中感悟到的真情。用一雙善於發現的眼睛發現身邊值得關注的事件，運用詳略的技巧，寫出事件的經過，把成長歲月中那些最珍貴的體驗記錄下來，表達自己在其中的感受。

　　在生活中，我們可以經歷不同的感悟：

1　感悟成長經歷。可以通過回憶往事，將記憶中印象最深的成長經歷寫出來，表現從中獲得的知識、明白的道理、體味到的真情，還要寫明它對你成長產生的影響，凸顯出這份難得的感悟是人生的財富。

2　感悟長輩真情。生活中，長輩的言傳身教早已融入到你生活中，一件小事就能反映他們對你的關愛。將自己感悟最深的事件用文字記錄下來，保持一顆真誠的感恩的心，表達對他們的感激之意。

3　經歷新事情，表達獨特感悟。將最時尚、最生活的新體驗帶入作文中，發別人未發之聲，描述自己真實的感悟，突出自己的個性特點，寫出與眾不同的文章。

 思維導圖

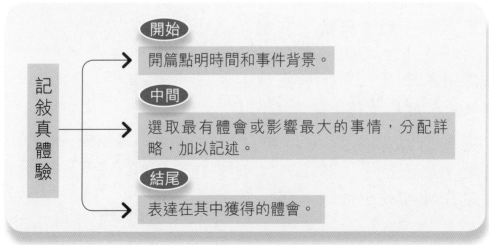

記敘真體驗

開始
開篇點明時間和事件背景。

中間
選取最有體會或影響最大的事情，分配詳略，加以記述。

結尾
表達在其中獲得的體會。

一節特別的課

我的寫作大綱

關鍵詞 _____

	段落大意	內容
開始		
中間		
結尾		

寫作手法

今天的作文課非常有意義。

上課時，鄧老師笑盈盈地走進教室說：「我們今天來做一個遊戲。」同學們一聽，興趣十足。老師先在黑板上寫下了「角色體驗」幾個字，然後又借走了兩個同學的外套。大家有些茫然地看着老師，不知老師葫蘆裏賣的甚麼藥。

「今天我們來體驗一下『獨臂人』是怎樣穿衣服、脫衣服的。」刷，刷！話音剛落，一隻小手馬上舉起來了，老師選了兩名男同學上前試穿。教室裏靜極了，大家都迫不及待地等待着遊戲的開始。

比賽開始了。只見一名同學用右手飛快地拿起衣服，三下五除二就套好了右袖。穿左袖可就十分困難了，因為左手手

動作和神態描寫，形象地描寫出穿不上衣袖的緊張心理，描寫細膩

臂不准動，一隻手怎麼也穿不上左袖，他急得臉都紅了。不知誰提醒了一句：「先穿左邊。」他恍然大悟，立即改變了方法，先穿左、再穿右，終於套上了。我們也稍稍舒了一口氣。

最難的要數獨臂拉拉鏈了，教室裏的氣氛更加緊張了。一隻手臂怎麼也拉不上拉鏈，兩個人急得如熱鍋上的螞蟻般團團轉。一位同學情不自禁地要用另一隻手來幫忙，被老師發現制止了。同學們在底下不停地為他們出謀劃策。「用嘴，用嘴！」「抵住桌子！」另一位同學於是試着用嘴咬住拉鏈左邊，右手拿住拉鏈另一邊湊上去。一次不行，兩次⋯⋯費了九牛二虎之力終於拉上了。哈──「拉上了！」大家一起歡呼起來。

恰當運用比喻，將緊張的氣氛推到另一個高潮

同學們都很激動，紛紛脫下外套試起來：有的低着頭，用嘴咬住衣角；有的頭套在衣服裏怎麼也出不來；有的不緊不慢，還算順利⋯⋯

排比修辭的巧妙應用，展示了同學們不同的「體驗」狀態，創意十足

遊戲結束了。沒想到，對我們來說輕而易舉的穿衣舉動，對殘疾人來說卻那麼難，更何況他們還要適應吃飯、寫字、上班⋯⋯今天我們是真正體會到他們生活的難處了。我們還有甚麼理由不珍惜現在，不多關心他們呢？

反問句作結，引發思考

（周恬）

思維導圖

關鍵詞 作文課　角色體驗　獨臂人　穿衣　拉拉鏈　殘疾人

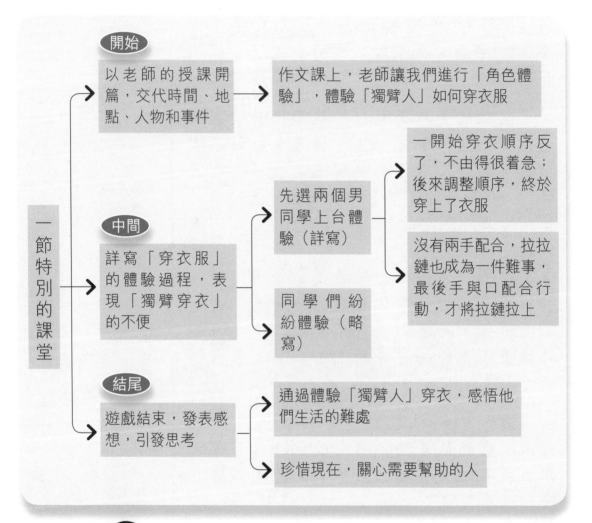

開始
以老師的授課開篇，交代時間、地點、人物和事件 → 作文課上，老師讓我們進行「角色體驗」，體驗「獨臂人」如何穿衣服

一節特別的課堂

中間
詳寫「穿衣服」的體驗過程，表現「獨臂穿衣」的不便

先選兩個男同學上台體驗（詳寫） → 一開始穿衣順序反了，不由得很着急；後來調整順序，終於穿上了衣服

一開始穿衣順序反了，不由得很着急；後來調整順序，終於穿上了衣服

沒有兩手配合，拉拉鏈也成為一件難事，最後手與口配合行動，才將拉鏈拉上

同學們紛紛體驗（略寫）

結尾
遊戲結束，發表感想，引發思考 → 通過體驗「獨臂人」穿衣，感悟他們生活的難處

珍惜現在，關心需要幫助的人

良師點評

　　作者通過「角色體驗」，了解到殘疾人生活的疾苦。文章中的「體驗」描寫得非常出色，反映大家明白「獨臂穿衣」的艱辛，從側面凸顯出殘疾人的生活的不便與難處。結尾將體驗和人生的感悟結合起來，令文章內容充實豐富。

一次刻骨銘心的體驗

我的寫作大綱

關鍵詞 _____

	段落大意	內容
開始		
中間		
結尾		

佳作共賞

寫作手法

「我是個盲人，但是我光憑觸覺就能發現數以百計有趣的東西。」盲聾女作家海倫‧凱勒真有那麼厲害嗎？為了體驗一下她的生活，我選擇了一件最簡單、最平常的事——蒙眼吃飯。

放學回家，媽媽已準備了一桌佳餚：焦脆的燒烤魚、鮮美的回鍋肉、翠嫩的青豆，還有我最愛的西紅柿雞蛋湯。真恨不得一口氣全吞進肚去！但是，不行呀，我還有任務。我到臥室裏找了條毛巾緊緊蒙住自己的眼睛，頓時，眼前一片黑暗。我不敢輕易地邁出一步，唯恐一不小心摔個人仰馬翻。我小心翼翼地伸出手，一步一步摸索着行進。

好不容易走到自己的座位，我就急着去摸筷子。咦，這熱熱的、軟軟的是甚麼

動作、心理描寫，用「伸出手」「摸索」等詞語將「我」蒙住眼睛後的害怕心理鮮活地描述出來

呀？我正疑惑，耳旁傳來媽媽一聲驚叫：「怎麼？吃『手抓飯』啊？」我趕緊把手挪了挪，啊，好燙！「你這『手抓湯』，叫我們怎麼喝呀？」媽媽看我可憐，只好把筷子遞到我手裏。唉，總算可以開吃了！

我迫不及待地舉起筷子，可是目標在哪裏呢？胡亂「發射」吧！咦，怎麼這麼辣？原來第一次「發射」射中了辣椒。呀，怎麼這麼麻？原來我射中的是花椒。哇，怎麼這麼硬？還夾都夾不起來？——這次「發射」更離譜，我居然射中了盤子。再來一次吧！筷子大概也不耐煩了，乾脆放了枚空炮。忙活了半天，我總算夾到一點甚麼東西了——不好！怎麼這麼紮嘴呀？唉，原來是魚刺在搗亂。我被折騰得筋疲力盡，肚子早已唱起了「空城計」。我只好捧着飯碗，湊合着吃了幾口米飯。

只不過蒙住眼睛吃了一頓飯我就覺得這麼艱難，那海倫·凱勒呢？她每天都在黑暗中摸索。可是，為甚麼她能「感覺到花朵美妙的絲絨般的質地」和「小鳥在枝頭謳歌時所引起的歡樂的顫動」？她的樂觀、頑強是多麼可貴啊！

我突然有了一個心願：等我死後，我一定要捐出眼角膜，獻給那些需要光明的人們。

（劉卓然）

語言描寫，媽媽的話從側面寫出「我」摸筷子時錯摸飯和湯，幽默有趣

心理描寫，將蒙眼吃飯的困難與無措淋漓盡致地展現；妙用排比，各種感覺並列描述，生動有趣

動作描寫，「捧着飯碗」「吃米飯」等真實詳盡地寫出了蒙眼吃飯的難處

思維導圖

關鍵詞 蒙眼吃飯　摸筷子　胡亂「發射」　吃米飯　眼角膜

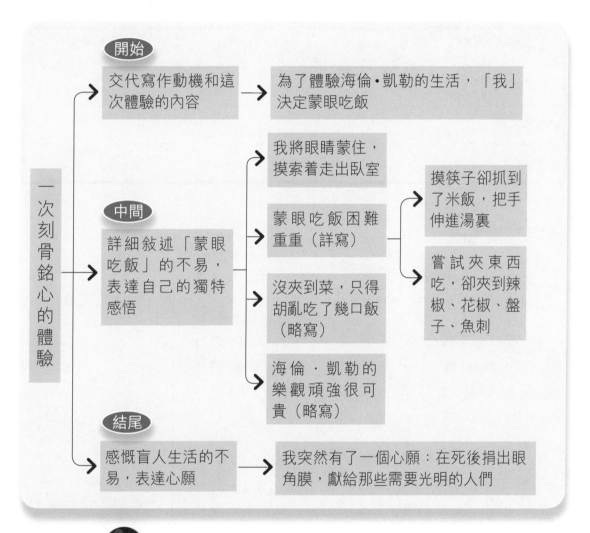

良師點評 ☑

　　只有親身體驗，才有真情實感；只有先感動自己，才能打動別人。作者通過詳細描寫蒙眼吃飯的艱難，從而體會到盲人生活的困難。文中的心理和動作描寫非常出色，將自己的豐富體驗淋漓盡致地表現了出來，寫出了真實的情感。

校園裏的新鮮事

我的寫作大綱

關鍵詞 _____

	段落大意	內容
開始		
中間		
結尾		

佳作共賞

你有沒有當過明星？一定沒有吧，可我卻在今天當了一回明星。

作為《誰能比我們更快樂》文集的小作者，我被邀請中午在書攤內為同學們簽名。聽到這個消息，我興奮得難以形容，只希望這一天快快來臨。

中午，我帶上爸爸送給我的「名貴」水筆，快步到了操場。我在簽名席上坐下，心裏卻不由得緊張起來：怎麼還沒有人來？不會冷場吧？

就在我忐忑不安時，一位長得虎頭虎腦的小男孩已經站在了我的面前。只見他撲閃着一雙明亮清澈的大眼睛，有點害羞地對我說：「大哥哥，給我簽個名吧！」「沒問題！」我不禁脫口而出。我接過書，在扉頁

寫作手法

心理、動作描寫，將「我」迫不及待又有些忐忑不安的心情展現出來，為後文情節發展埋下伏筆

上端端正正地簽上了「章文晟」三個字和日期。小男孩高興地笑了，鼻尖上細密的汗珠在陽光下份外醒目。看着他如獲至寶似的接過我為他簽過名的書，我心中也像被灌了蜜似的，甜滋滋的。

外貌描寫，刻畫了一個活潑可愛的小男孩形象

不一會兒，簽名桌前已經排起了長隊，我一刻不停地忙着簽名。中午的太陽似乎也想湊這份熱鬧，從白雲後面探出頭來，照得我滿頭大汗，衣服都濕透了。我剛想抬手用衣袖擦汗，突然想到我現在可是「明星」啊，如果在眾目睽睽下擦汗會有損形象的。於是，我只好任汗水順着臉頰往下淌。

心理描寫，想擦汗卻要顧及形象不能擦汗，矛盾心理刻畫真實

人越來越多了，簽名桌被人羣擠得搖晃起來。一位同學索性繞個圈跑到我的身後，從後面遞過書讓我簽名。接過簽名，他情不自禁地說：「大哥哥簽的字真好看！」「哪裏哪裏，比起其他人，我的字還差『十萬八千里』呢！」我風趣的回答引來一片笑聲……

語言描寫，將我受到表揚時的風趣回答展現，表現了「我」性格中幽默、機靈的一面

「丁零零——」下午上課的鈴聲響了，簽名活動結束了。我揉着有些酸痛的右手，不禁感慨萬千：能有機會為大家簽名售書，說明我的不懈努力得到了別人的承認，但這已是過去的成績了。我只有繼續加倍努力，才能回報那些喜愛我的詩、喜愛我的文章的熱情的同學。

是啊，「明星」可真是不好當喲！

(章文晟)

思維導圖

關鍵詞 明星 簽售 信心 誇獎 不好當

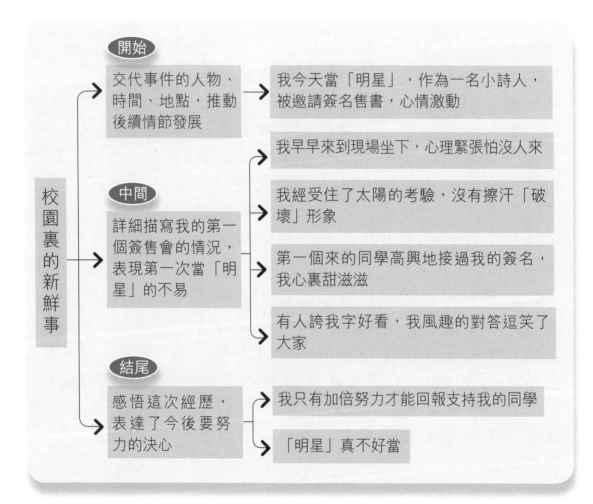

校園裏的新鮮事

開始
交代事件的人物、時間、地點，推動後續情節發展 → 我今天當「明星」，作為一名小詩人，被邀請簽名售書，心情激動

中間
詳細描寫我的第一個簽售會的情況，表現第一次當「明星」的不易
→ 我早早來到現場坐下，心理緊張怕沒人來
→ 我經受住了太陽的考驗，沒有擦汗「破壞」形象
→ 第一個來的同學高興地接過我的簽名，我心裏甜滋滋
→ 有人誇我字好看，我風趣的對答逗笑了大家

結尾
感悟這次經歷，表達了今後要努力的決心
→ 我只有加倍努力才能回報支持我的同學
→ 「明星」真不好當

良師點評

　　作者有難得的新生活體驗——出席簽名會，寫作時能有自己獨特的細膩的描寫和深刻的感悟，文章結構清晰，語言流暢。作者通過四個細節從不同的側面展現了簽名會的熱鬧場面，恰到好處地刻畫了自己複雜的心理狀況，描寫到位。

那一次，我懂得了甚麼是母愛

我的寫作大綱

關鍵詞

	段落大意	內容
開始		
中間		
結尾		

佳作共賞

「臨行密密縫，意恐遲遲歸。誰言寸草心，報得三春暉。」這是孟郊在《遊子吟》中題寫的傳誦千古的感人詩句。那個雨天的遭遇，我切身體會到了它的真正含義。

猶記得那天放學，颱風正一步步逼近，豆大的雨點劈里啪啦地打下來，仿如千萬條鞭子在抽打着大地。我擔心地想：唉，這下怎麼辦？雨這麼大，媽媽還沒下班……沒辦法，只能獨自回家。我剛想撐起傘沖進雨簾，突然，「轟隆隆——」，一陣雷聲猛地在頭頂炸響，我頓時又縮回了腦袋……

正當我猶豫不決時，「夢夢！」一個熟悉而溫柔的聲音鑽進了我的耳朵。是媽媽！我驚喜地叫了出來。我回頭一看，媽媽正撐着傘，袖子濕透的走過來。

寫作手法

引用經典「母愛」詩句，切題、合理，適切地引出母愛的主題

善用比喻，生動地描述雨勢的猛烈情況

我心疼地問：「媽媽，你怎麼來接我了呢？你不是要上班嗎？外面下這麼大的雨，這樣你會着涼的！」

「沒事兒，我沒關係的，我想盡快接你回家！」媽媽笑着説。這時，我感到心頭一熱，也不再多説甚麼，默默地在街上走。

雨下得越來越大了，它張開大口，似乎想把我們吞噬。媽媽費力地撐着傘，身上又有雨水，又有汗水。媽媽一邊走，一邊噓寒問暖：「冷不冷呀？千萬別感冒了，身體最要緊！」我聽了，身上彷彿流淌着一股暖流。

突然，我倆的傘都被強風吹壞了。媽媽鎮靜地對我説：「夢夢，你先走進那快餐店，等我一會，我趕緊去買別的傘。」

甚麼？這樣的天氣，媽媽還要四出奔走？我真有些過意不去……

回到家，媽媽的全身都濕透了，她顧不上這些，一個勁兒地催促我去洗個熱水澡，以防感冒，她自己卻又開始忙於準備晚飯……

我感動不已。母親，是世界上最偉大的人，無私地為子女奉獻而不圖任何回報。她給我們的愛，又豈是一朝一夕、寸草之心所能回報的？那一次，我更加深刻地懂得了「母愛」的偉大含義。　　　　（張似夢）

語言描寫，表現了媽媽冒雨前來給作者帶來的驚喜，也側面描寫出環境的惡劣

擬人法，具體地刻畫雨勢的猛烈情況

運用動作、語言描寫，説明媽媽不辭辛苦地照顧我

關鍵詞　暴雨　害怕　傘壞了　做晚飯　感動

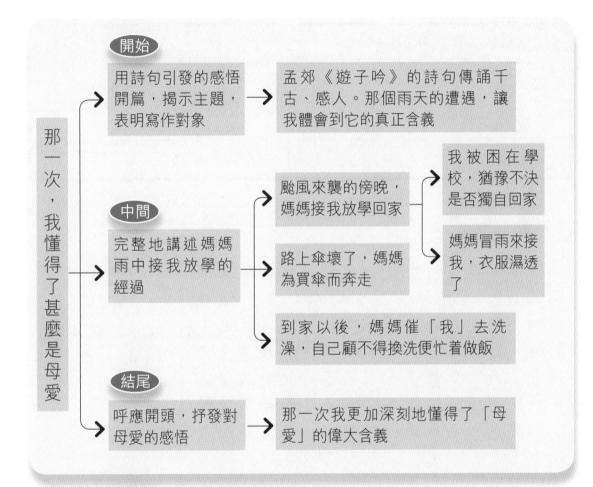

良師點評

　　作者為了表現「母愛」的主題，選取了一件感人的事做例證。文章開篇表明了那次遭遇讓「我」體會到母愛的真正含義；然後詳寫媽媽冒雨接「我」回家的具體事例，表現了媽媽對「我」的無私、偉大的愛；篇末抒發感悟，深化文章的主題。

一個難忘的生日

我的寫作大綱

關鍵詞 _____

	段落大意	內容
開始		
中間		
結尾		

佳作共賞

今天是我的生日，我感到格外興奮。因為這一天有許多人會向我祝賀，送我禮物。爸爸長年在外地工作，常常也看不到他。聽說這次爸爸會回來參加我的生日聚會，我高興極了。我巴不得快點放學，可時間好像走得比平時慢。終於等到放學了，我急匆匆地飛出教室，一路上蹦蹦跳跳像隻快活的小鳥。

到了家，我打開門，一陣香味撲鼻而來，桌上擺放了一個大大的雜果生日蛋糕。「生日快樂！」媽媽一邊親吻着我的臉，一邊把禮物塞到我手裏，朋友們也紛紛拿出自己的小禮物，向我祝賀，我感到非常幸福。突然，我發現爸爸並不在家。「爸爸呢？」「他剛才打電話來說，這幾天趕工期，恐怕今天不能參加你的生日聚

寫作手法

直接抒情，「挨」「飛」等詞，凸顯了「我」期盼爸爸給「我」過生日的急迫心情

心理描寫、對比手法，表明「我」因為爸爸的缺席，心情一

會了。」甚麼？不能來！難道爸爸真的不愛我了嗎？剛才的快樂似乎已飄到九霄雲外。我陷入了苦澀的鬱悶中，就連甜甜的蛋糕也喚不起剛才的幸福感覺。

落千丈，用剛才的喜悅凸顯現在的鬱悶心情

　　第二天上學時，我像一隻洩了氣的小皮球，無精打采地走在路上，心裏一直在想這件事。

善用比喻，刻畫出自己無精打采的心情

　　這天下午，張老師遞給我一張明信片。誰會寄明信片給我呢？我打開它，上面寫着：「乖孩子，爸爸因為工作忙，不能和你一起過生日了，希望你不要傷心。爸爸雖然沒能陪你過生日，但是爸爸的心和你在一起。你心情的一起一伏我都很關注，你快樂我才會更快樂。親愛的孩子，祝你生日快樂！學習進步！」啊，爸爸並不是不愛我，他只是因為工作忙才不能回來，而不是我胡思亂想的那樣。

　　回到家，我的心依舊不能平靜。我拿起電話，撥通了爸爸的號碼，「爸爸！」「寶寶，爸爸不能回去為你慶祝生日，你不會介意吧？」「我怎麼會介意呢？您是工作忙才回不來的，而我卻因為這點小事就介意、鬧彆扭，請您原諒我吧！」想像爸爸此時的表情，辛酸的感覺爬上了我的心頭，我的眼眶也漸漸濕潤了……

語言、心理描寫，誤以為爸爸不再愛「我」的心被溫暖的話語感動，辛酸蔓延上心頭

　　直到今天，我一直珍藏着這張愛的明信片，牢記着這個難忘的生日。

（梁思睿）

思維導圖

關鍵詞　生日　鬱悶　明信片　電話　珍藏

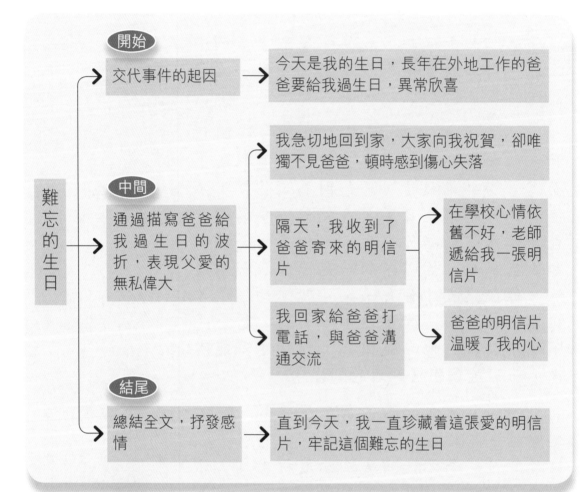

良師點評

　　這個生日之所以難忘，是因為作者體會到父親對自己的愛。開篇交代「我」因冀盼父親參加生日聚會而萬分激動，隨後又因父親沒有回來而鬱鬱寡歡，最後通過明信片和電話體悟到父親給予自己的愛，表示要珍藏反映父愛的明信片，並牢記這個特別的生日。文章題材新穎，感情真摯。

長跑（運動）體驗

我的寫作大綱

關鍵詞 _____

	段落大意	內容
開始		
中間		
結尾		

佳作共賞

今天體育課跑八百米，男生五分鐘跑完是優秀，女生六分鐘跑完是優秀。對我來說，這真是一項巨大的挑戰。

我們做好準備，老師一聲哨響，同學們像離弦的箭一樣向前衝去。開始跑時當然輕鬆。第一圈時，我輕鬆自如地跑着，威風凜凜地擺着手臂，清風迎面吹來，我感到神清氣爽。我無拘無束地邁步，全身有節奏地配合着，既輕鬆又舒坦。我越跑越快，恨不得一步跨到終點。可我想得太好了，緊接着，我就開始感覺到長跑的艱難了。

中間幾圈漸漸有點吃力，腳像是變成了棉花包，軟弱無力。望着前面的路，長長的，我從心裏就開始畏縮了。這時，剛才輕鬆舒坦的感覺已煙消雲散了，取而代之的是煩躁和焦慮。手腳不聽使喚了，身上好像捆

寫作手法

巧用比喻，將同學們跑八百米的速度比作「離弦的箭」，展示了同學們的速度快、身形敏捷的特點

動作、心理描寫，寫「我」「跑着」「擺着手臂」「恨不得一步跨到終點」等，第一圈的輕鬆姿態盡情展現

運用比喻，將軟弱無力的腳比作「棉花包」，形象描繪了「我」跑後幾圈時的疲憊、吃力

了千斤鐵，我累得上氣不接下氣，恨不得坐在地上再也不起來。可回頭望望那些還在拼命追趕的同學，我只得咬牙繼續前進。

又跑了幾百米，我已是氣喘吁吁，無力再跑。難道就這樣功虧一簣嗎？不，不能放棄！

最後一圈了，我的體能幾乎已到了極限。我咬緊牙關，用毅力支撐着自己，勝利就在眼前！看着那些走走停停的同學，我不禁為他們感到惋惜。他們放棄了奮鬥，也就放棄了勝利。也許他們想的是：「反正跑不了第一，還堅持甚麼，省得浪費體力！」他們就這樣在離勝利只有一步之遙時放棄了，因而也就無緣體會到勝利的真諦。

緊跑幾步後，我第一個越過終點。我勝利了！我完全有資格這樣說。

（王興欣）

詳述「我」跑最後一圈時的心理變化

良師點評 ☑

不只是因為「我」跑了第一，更重要的是「我」在精神上也勝利了。因為「我」明白了勝利的真諦──只有以頑強的毅力在艱難中不停奮鬥、堅持不懈，才能摘到勝利的碩果！本文最突出的特點是心理描寫細膩生動，作者把跑步過程中自己的心理感受刻畫得淋漓盡致。文末發表的感慨真實深刻，容易引起讀者的共鳴。文章語言樸實，立意深刻。

思維導圖

關鍵詞　體育課　輕鬆　吃力　毅力　勝利　堅持不懈

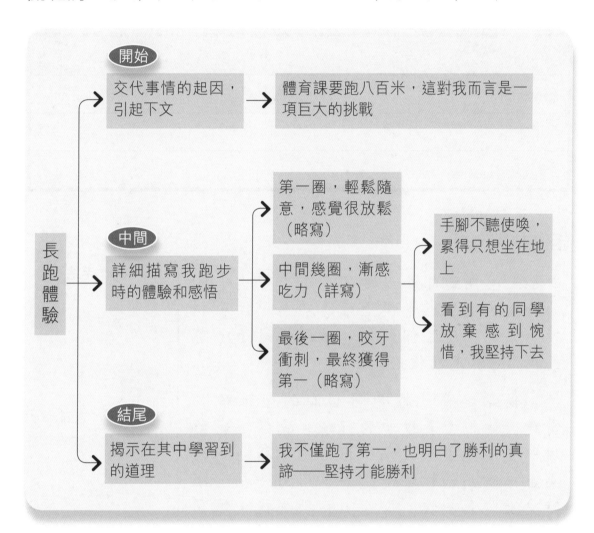

長跑體驗

開始

交代事情的起因，引起下文 → 體育課要跑八百米，這對我而言是一項巨大的挑戰

中間

詳細描寫我跑步時的體驗和感悟

→ 第一圈，輕鬆隨意，感覺很放鬆（略寫）

→ 中間幾圈，漸感吃力（詳寫） → 手腳不聽使喚，累得只想坐在地上

→ 看到有的同學放棄感到惋惜，我堅持下去

→ 最後一圈，咬牙衝刺，最終獲得第一（略寫）

結尾

揭示在其中學習到的道理 → 我不僅跑了第一，也明白了勝利的真諦——堅持才能勝利

大戰蚊子

我的寫作大綱

關鍵詞 _____

	段落大意	內容
開始		
中間		
結尾		

佳作共賞

上星期到郊外走走，我正坐下吃午餐的時候，突然感覺腿上奇癢難忍，伸手一摸，天哪，起了個大包。該死的蚊子，偷襲我！看我怎麼收拾你！

我站起來，瞪着圓溜溜的大眼睛，雷達般地搜索着蚊子的行蹤。突然，我發現一隻喝飽了血的蚊子正得意揚揚地趴在桌上。我立刻輕輕走過去，用力一拍，頓時桌上鮮血四濺。哈哈，初戰告捷，總算讓我出了口惡氣。可是這位蚊子老兄的死似乎並沒有令其他蚊子退卻，反而激起了公憤，蚊子們對我羣起而攻之。我孤軍奮戰，腹背受敵。真是氣死我也！蚊子竟不講道義，以多欺少。不過，我可是正人君子，贏就要贏得光明磊落，不到迫不得已，堅決不使用「核武器」──驅蚊劑。

寫作手法

動作描寫，同時也表現了自己靈敏的觀察力

於是，我抖擻精神，使出渾身解數，拿起拍子投入戰鬥。

我左撲右閃、前躲後藏，避開蚊子的正面進攻。採用迂迴戰術，繞到蚊子的後方實施突然一擊；或者假意沒看見，猛然施展「回馬槍」，將又一隻蚊子「斬落」拍下。忽然間，四周沒有了動靜。哼！跟我玩「潛伏」？我凝神屏氣，睜大雙眼「掃描」蚊子的行蹤，竟發現它偷偷躲在我的背包內。這下看你往哪兒逃！我小心翼翼地走過去，輕輕地舉起扇子，瞄準蚊子的位置，一拍，「啪」！又一隻蚊子被就地正法……

戰鬥持續了半小時才正式結束，蚊子死傷慘重。我打死了兩隻大蚊子，兩隻小蚊子；但我也付出了全身五個大包的代價。我看着還沒有完成的午餐，不禁感歎：「唉，英雄難過蚊子關！」

（佚名）

動作描寫，「撲閃躲藏、繞到後方」等詞凸顯了「戰況」的慘烈，也表現了「我」戰術的多變

良師點評

大家在生活中經常看到「人蚊大戰」，但如何記在文章中？本文做了很好的示範。作者先寫自己被迫與蚊子戰鬥，然後通過一連串生動的動作描寫，將戰鬥細節刻畫得淋漓盡致。在文章的結尾處，小作者看到雙方的慘重代價，感歎「英雄難過蚊子關」，寫出新意。

關鍵詞　蚊子　大戰　公憤　潛伏　損失慘重

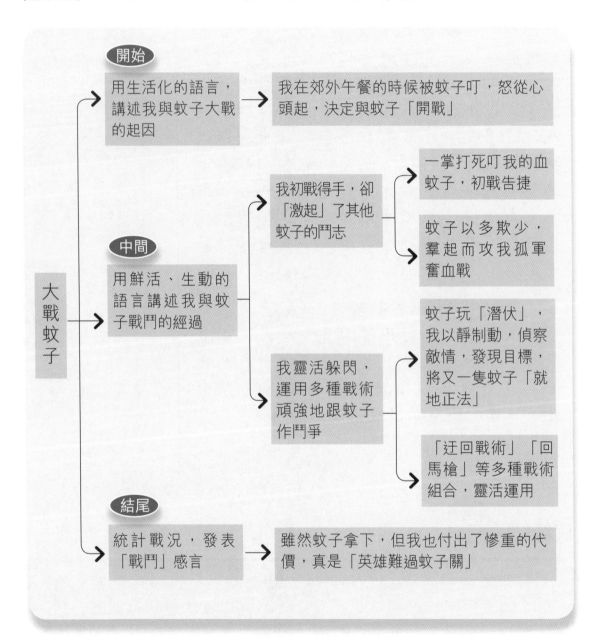

遠足樂

我的寫作大綱

關鍵詞 _____

	段落大意	內容
開始		
中間		
結尾		

佳作共賞

也許，你曾登上獅子山；也許，你曾登上大帽山；也許，你曾登上大東山；也許，你曾登上牛押山⋯⋯而我曾登上是鳳凰山，而且感受很深很深。

我和同學們來到山腳下，那裏安謐寧靜，綠樹環繞。我們個個摩拳擦掌，信心十足。

剛開始爬山時，我們的速度挺快，是小跑着上山的。幾個淘氣的男同學還一步跨兩級石階。大家精神抖擻，一副「不到南山非好漢」的樣子。

可到了半山腰，大家都汗流浹背。皮膚被火辣辣的陽光灼得生疼，嗓子像冒了煙

寫作手法

一組「也許⋯⋯」排比句，為文章增添了氣勢

神態描寫，「精神抖擻」等將剛開始登山時的喜悅與興奮恰到好處地凸顯出來

似的,渴極了,雙腿好像灌了鉛,上也不是,下也不是,腰酸背痛,身體快要散架了。而且有些石階上長了青苔,很滑,讓人感覺快滑倒了。石階一直向前方延伸,似乎走不到盡頭。幾乎每個人都失去了信心,放慢了腳步,有幾個同學乾脆停了下來,坐在邊上休息。這時,不知是誰喊:「一二三,加油!一二三,加油!」這使我們重拾信心,重新鼓足了勇氣,大家一起手牽着手向山上走去。有些同學儘管腿腳不聽使喚,但也不甘落後,他們手腳並用,匍匐前進。

頂峯已近在咫尺,勝利在向我們招手。我們三步並作兩步,爬上了山頂,真是「無限風光在險峯」呀!從山頂俯瞰,下面的景色盡收眼底,一覽無餘。一切都籠罩在霧色之中,如同仙境一般,我有一種騰雲駕霧、飄飄欲仙的感覺。

人生就像是一座山,途中難免會遇到一些困難,我們要用堅強的意志、極大的勇氣、十足的信心去面對、克服這些困難,才能到達光明的頂峯。

(戴逸倫)

運用比喻、誇張手法,通過「嗓子冒煙」「雙腳灌鉛」等描述,把爬到半山腰時的身體狀態和心理感受生動地描繪出來

語言描寫,「加油」的喊聲和「牽着手」上山,表現大家互相扶持堅持爬山的情景

巧用比喻,將鳳凰山比作「仙境」,成功勾勒出鳳凰山的美和「我」的喜悦心情

思維導圖

關鍵詞 爬山　精神抖擻　汗流浹背　加油　頂峯

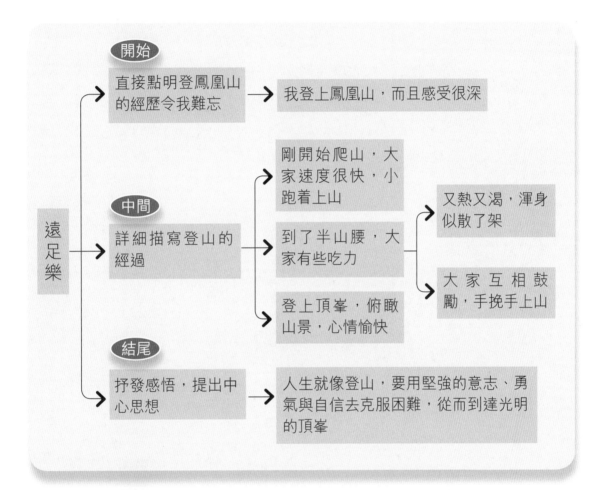

遠足樂

開始
直接點明登鳳凰山的經歷令我難忘
→ 我登上鳳凰山，而且感受很深

中間
詳細描寫登山的經過
→ 剛開始爬山，大家速度很快，小跑着上山
→ 到了半山腰，大家有些吃力
　　→ 又熱又渴，渾身似散了架
　　→ 大家互相鼓勵，手挽手上山
→ 登上頂峯，俯瞰山景，心情愉快

結尾
抒發感悟，提出中心思想
→ 人生就像登山，要用堅強的意志、勇氣與自信去克服困難，從而到達光明的頂峯

良師點評

　　作者從一次登山經歷中感悟到了一些人生真諦，堅強的意志、勇氣與自信確實是人生成功路上的「助推器」。文中對爬山的心理和生理變化描寫細膩，動作和語言描寫符合人物身份，爬山經歷寫得非常成功。文末的感悟，立意深刻，點出這次遠足的意義非凡。

三、情真觸動深

感情真摯的文章，具有感人心魄的力量。以情動人，就是把內心最想說、最想表達、最淳樸真摯的感情完整地抒發出來，以打動人心。我們在寫作時要做到「以情動人」，可以從下面三方面出發：

1 感受身邊人的真情。身邊人物的喜怒哀樂，對你的關心和教育，都會對你產生一定的影響。將身邊真摯的師生情、同學情呈現，表達自己對最真的情意。

2 寫出對身邊事物的喜愛之情。可愛的動物、美麗的植物，每一個小生命都值得被尊重。寫作時要寫出狀物的特點，先描寫外形再寫特點，然後將人與物之間發生的真實經歷表現出來，表達對它們的喜愛之情，這樣的文章結構才完善、豐富。

3 表達對社會的關注之情。在社會中總有溫暖人心的真情湧動，只要我們用敏銳的眼睛觀察身邊的世界，就能展示社會的風貌，寫出引發讀者共鳴的文章。

思維導圖

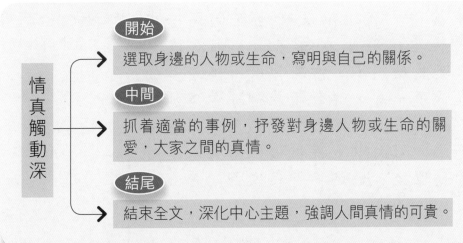

情真觸動深

開始
選取身邊的人物或生命，寫明與自己的關係。

中間
抓着適當的事例，抒發對身邊人物或生命的關愛，大家之間的真情。

結尾
結束全文，深化中心主題，強調人間真情的可貴。

愛在身邊

我的寫作大綱

關鍵詞 _____

	段落大意	內容
開始		
中間		
結尾		

佳作共賞

寫作手法

　　不經意間，我看見腳踝骨上的傷疤，一股暖流湧入我心……

　　去年夏天，我纏着媽媽帶我下樓玩滑板車。媽媽說：「那我們就沿着城門河一直滑吧。」

　　媽媽搬着滑板車下樓了，我跟在後面。下樓後，我迫不及待地從媽媽手中搶過滑板車，興奮地向前滑。剛滑沒幾步，我突然跌倒了，右踝骨處一陣鑽心的痛。我低頭一看，鮮血順着腳踝骨處湧了出來。我嚇得站在那裏大哭起來。媽媽急忙跑過來，用面巾紙幫我捂住傷口。進行簡單的處理後，媽媽背着我拔腳向醫院奔去。

　　第二天上學，我一瘸一拐地走進校

動作描寫，凸顯玩滑板的快樂心情，引出下文故事的情節

門。當媽媽的身影被校門擋在外面時，我感到莫名的恐懼和無助，望着樓梯直愣神：怎麼上樓啊？腳疼又沒勁！這時，張永強和葉紫瑩發現了我，朝我跑過來，他們一左一右攙扶我上樓。當走到教室門口時，很多同學都跑過來，爭先恐後地將我扶到座位上。

課間休息，同學們都圍在我身邊。「還疼嗎？」「去廁所嗎？」「喝水嗎？」「要我幫你做甚麼？」……我不時地回答着他們的問題，一陣陣暖流在我心中流淌。

中午吃飯時間到了。老師將飯送到我面前，同學們都端着飯盒聚到我周圍，以便隨時幫我解決難題。

下午放學，我在同學們的簇擁下重回媽媽身邊……

晚上，爸爸向我問起腳傷的情況：「傷口好些了嗎？記得不要碰水，不要用大力，保護自己的傷處……」我聽了點點頭，感受着爸爸的愛，暖流在心中激蕩。

這次我受傷的事情，讓我真切地感受到了爸爸、媽媽、老師、同學們對我付出的愛心，我從心底感謝他們。

他們讓我明白：愛永遠在我身邊！

（佚名）

勾勒在「我」身邊的同學、老師對「我」的關心，表現「愛在身邊」的主題

思維導圖

關鍵詞　疤痕　受傷　暖流　愛心

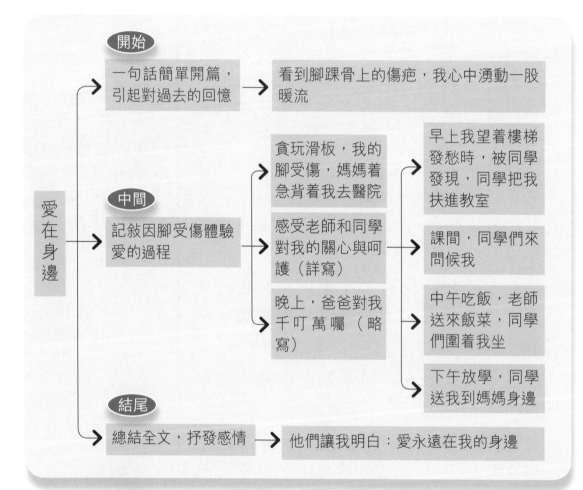

良師點評

　　作者通過記敘一件記憶中最深刻的事，表現「愛在身邊」的主題。開篇交代自己受傷，媽媽着急背「我」去醫院的「愛」，後來在學校中感受到同學和老師細膩的關懷，體驗集體的「愛」；隨後通過語言表述體現爸爸低調的「愛」。這些身邊的愛使得作者心中溫暖，得出文章的主旨——「愛在身邊」。

謝謝您的愛

我的寫作大綱

關鍵詞 _____

	段落大意	內容
開始		
中間		
結尾		

佳作共賞

平淡得就像一壺清茶，卻清香宜人，令人回味無窮。這就是父親對我不變的無言的愛，是讓我永存記憶的偉大的父愛。

每當回首往事，我對父親總是充滿了感激。記得那是一段緊張而溫暖的日子，學校的功課繁重，我每天很晚才睡。父親依舊早出晚歸，只是每天回來都會抽閒補空地檢查我的作業。

一天，我無助地坐在書桌旁，一道數學題讓我無從下手。我左思右想，絞盡了腦汁也想不出來，草稿紙已用了好幾張，依然一籌莫展。我花了整整半個小時也沒有做出來，心裏一急，便將手裏的紙團隨手一扔。感覺那紙團似乎「撞」到甚麼，我心裏一緊——不會是父親吧。我悄悄回

寫作手法

巧用比喻，將父愛比作「清茶」，味道清香、回味無窮，含蓄妥當

過頭，父子倆無言以對。父親伸手拿過試卷，看着那道難題，像平時一樣，靜靜陷入了深思……過了幾十分鐘，父親終於找出解答方法。他用柔和的語氣一點一點講解給我聽，看到我恍然大悟，他微笑着輕輕囑咐：「記住，遇到困難，不能退縮，要相信自己。」這句話，像烙印一樣，鑴刻在我的心上。

還記得那個寒風刺骨的中午，我讓父親幫我買故事書。不巧父親得了感冒，臥牀在家休息。我想：看來我只能自己去買了。當我把作業寫好，正要準備到房間跟父親要錢買書時，門開了，父親正從外面回來，手裏拿着我要的書。「您感冒了，還出去為我買書？」我呆了，望着父親那張飽經風霜的臉，我在想那是否象徵父親的品質呢？我認為這就是父愛。

茶的清香取決於沸騰的水，就如父親對我有顆滾燙的心。父親是平凡的，父愛是偉大的，千言萬語不如一句話——謝謝您，父親！

（陸浩）

神態、語言描寫，通過父親幫「我」解題時的深思和言語，將爸爸的細心、耐心和愛集中展現出來，表現了父愛的不事張揚

呼應開頭，再次用清茶形容淡淡卻不張揚的父愛，令人印象深刻

思維導圖

關鍵詞 清茶 難題 感冒 謝謝您

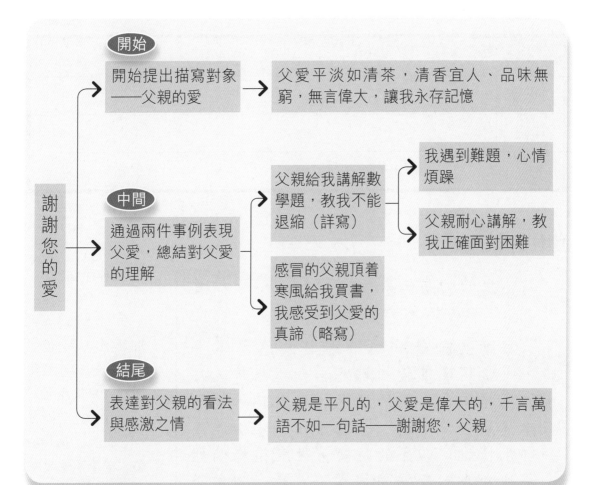

謝謝您的愛

開始

開始提出描寫對象——父親的愛 → 父愛平淡如清茶，清香宜人、品味無窮，無言偉大，讓我永存記憶

中間

通過兩件事例表現父愛，總結對父愛的理解

父親給我講解數學題，教我不能退縮（詳寫）
→ 我遇到難題，心情煩躁
→ 父親耐心講解，教我正確面對困難

感冒的父親頂着寒風給我買書，我感受到父愛的真諦（略寫）

結尾

表達對父親的看法與感激之情 → 父親是平凡的，父愛是偉大的，千言萬語不如一句話——謝謝您，父親

良師點評

　　父愛就像淡雅清香的茶，輕輕縈繞在「我」的身邊。作者通過兩件事例表現「我」感受到的淡淡父愛，在有需要時父愛總能深深溫暖「我」的心。文章詳寫爸爸為「我」講題，略寫爸爸幫「我」買書，在筆墨濃淡的勾勒下，父愛的真諦漸漸顯現。篇中巧用了語言及神態描寫手法，讓讀者也體會到父愛的偉大。

師恩難忘

我的寫作大綱

關鍵詞 _____

	段落大意	內容
開始		
中間		
結尾		

佳作共賞

在我的小學生涯中，遇到了很多好老師，其中有一位至今令我難忘。

每當她帶着一縷清香氣息悠悠離去時，每當她彎下腰輕輕地和我說話時，每當她用那滿含笑意的目光注視我時，總讓我感覺到一份親近、一份信任、一份濃濃的師生情誼。四年的時間，她就這樣悄然無聲地在我心底安營紮寨了。時光匆匆而逝，我無法從記憶中抹去她那美麗的身影。她就是我的班主任──周萍老師。

周老師的話語常常溫暖我的心。那天，同學們都出去玩了，教室裏只有我一個人。我靜靜地做着作業，可是心裏老想着爸爸今天就要去外地出差，不免煩躁起來。我一會兒呆呆地望着天花板，一會兒咬着鉛筆胡思亂想。

寫作手法

妙用排比，將老師給「我」留下深刻印象的三個片段並列寫出，側面表現了老師帶給「我」的親切、溫暖，增強了表達效果

動作和心理描寫，將心理的煩躁通過動作表達出來

這時，周老師輕輕走到我身邊問：「家軼，怎麼了？有甚麼煩惱嗎？」

「啊，沒事。」我心慌地回答道。

「真的？」她邊說邊查看我的作業本。

周老師看到我詞語解釋沒完成，就從自己的講課裏拿出一本字典遞給我，還特地把意思講解給我聽。可我光想着爸爸，周老師的話一點兒也沒聽進去。

周老師讓我停下筆，告訴她我的心事。當我將胸中的話一骨腦全告訴她之後，周老師笑着說：「傻孩子，你爸爸要去外地，這是工作的需要啊！你已經長大了，爸爸知道你不但能照顧好自己，還能照顧媽媽了，所以才會放心地出去。如果知道你這樣焦躁，他肯定也會着急的！安下心來，讓爸爸對你放心。」聽了周老師的話，我覺得身上的擔子輕了許多，心裏也不再空落落的，便如釋重負地笑了。

那次我生病了，周老師在百忙之中抽空看望我，並叮囑我按時吃藥、注意休息；那回，我要去參加作文比賽，周老師又讓我保持好心情，不要把結果看得太重，一切重在參與。多少個那次、那回，構成我生命中一次次抹不去的回憶，我將永遠把它們珍藏在我心底。

周老師，我想對您說：「您辛苦了，感謝您為我的辛勤付出！」　（虞家軼）

語言描寫，表現周老師用溫暖的話語平復了我焦慮的心情

略寫另外兩件事例，從不同方面表現老師對我的各種關懷，表明周老師對我的關愛

思維導圖

關鍵詞 老師 美麗的身影 安慰 如釋重負 生病 感謝

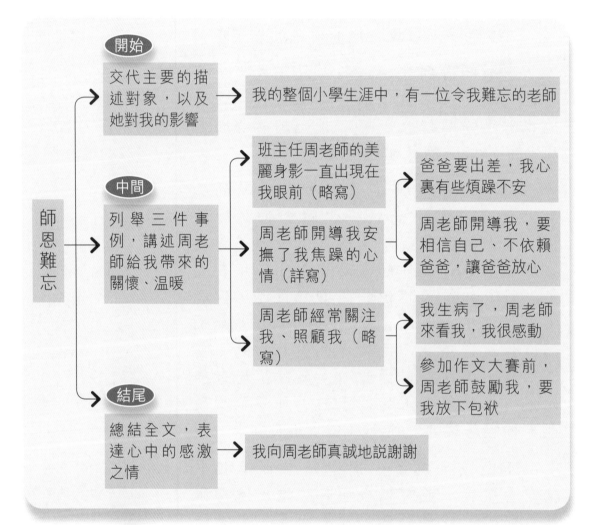

良師點評

　　小作者在文中表述了對周老師的感恩之情。開篇交代老師給我留下的印象最深，隨後通過三件事例，有詳有略、有理有據地將老師帶給我的溫暖細膩深刻地描述出來；文末用充滿深情的口吻表達對老師的感恩之情，感情十分真切。

我的爺爺（外婆）

我的寫作大綱

關鍵詞 _____

	段落大意	內容
開始		
中間		
結尾		

佳作共賞

　　我有一個摩登爺爺，開口閉口都是時尚詞兒，穿着也非常時髦，十分與眾不同。

　　早上，爺爺晨練回來了。看，爺爺穿着一身牛仔服，腳蹬一雙時尚運動鞋，頭戴長簷帽，昂首挺胸，還哼着流行曲。好酷的爺爺啊！

　　進了家門，爺爺第一句話就是：「哇，飯味兒真香！」只見他快步跑到廚房，洗了手揭開鍋蓋盛上一碗，還說着：「味道好極了！」爺爺的潮語一個接一個，聽得我都愣了神兒。

　　晚上，爺爺一個人在屋裏，跟着複讀機不停地念叨着。過了一會兒，爺爺把我叫過去說：「孫女，聽爺爺念得怎麼樣？」我

寫作手法

外貌描寫，從頭到腳都有時尚氣息，展現出爺爺的摩登

問：「念甚麼？」「念時尚詞兒啊。我們這些老年人，思想、語言都太陳舊了，不學習就會落伍呀！」你看，爺爺為了與時俱進，還挺用功的。

一天晚飯後，爺爺對我說：「互委會要舉行現代舞比賽，我也報了名。今天比賽，我倆一起去！」「啊？」我驚訝地說，「爺爺，那可都是二十來歲的年輕人。您都七十歲的人了，還去跳舞？」「這有甚麼？我雖說老了，但腿腳也不至於僵硬到不能跳舞吧！」看着爺爺那頗有些不服氣的樣子，我只好說：「行，我陪您去！」

現代舞比賽開始了。只見爺爺扭動着腰，邁起了正規的舞步。「哈哈，我跳起來了！」爺爺一邊跳一邊對我說，「驚奇吧！看我厲害吧！」

不久前，爺爺又讓我教他學習英語，說：「我想與屋邨裏的老人們比賽，用英語與外國人交流。」聽了爺爺的話，我立刻拿來英語書本，先教爺爺二十六個英文字母。爺爺認真地做筆記，平日還不停地練習。爺爺進步很快，雖然還不會說長串的英語句子，但簡單的句子如「您好，我也很好。」「您是哪國人？」都會用英語說了。爺爺勤奮好學的精神真讓人佩服！

這就是我的摩登爺爺──一位不甘落後的老人。 （王晨旭）

語言描寫，原來爺爺不僅外表時尚了，連思想觀點都變了，表現爺爺的摩登

動作描寫，「扭腰」「邁步」「邊跳邊說」展現爺爺的摩登精神面貌

思維導圖

關鍵詞　穿着　潮語　跳舞　英語　勤奮

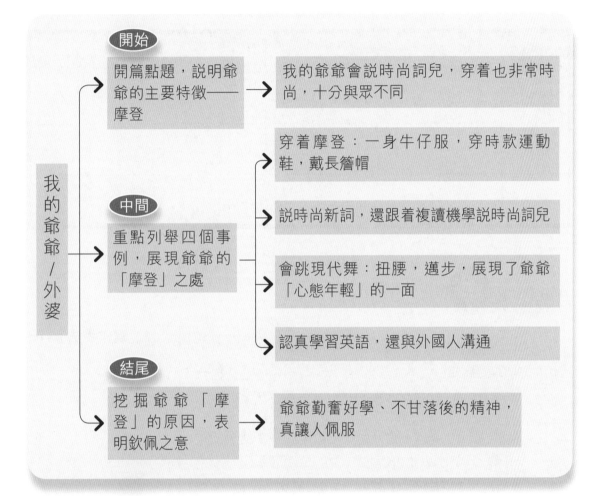

我的爺爺／外婆		
開始 開篇點題，說明爺爺的主要特徵——摩登	→	我的爺爺會說時尚詞兒，穿着也非常時尚，十分與眾不同
中間 重點列舉四個事例，展現爺爺的「摩登」之處	→	穿着摩登：一身牛仔服，穿時款運動鞋，戴長簷帽
	→	說時尚新詞，還跟着複讀機學說時尚詞兒
	→	會跳現代舞：扭腰，邁步，展現了爺爺「心態年輕」的一面
	→	認真學習英語，還與外國人溝通
結尾 挖掘爺爺「摩登」的原因，表明欽佩之意	→	爺爺勤奮好學、不甘落後的精神，真讓人佩服

良師點評

　　經過作者的一番描述，一位親切慈愛、熱情不服輸的「摩登」爺爺的形象就活靈活現地展現在讀者面前。文章通過四件具體的事例來表現爺爺的「摩登」，事例形象生動、具有代表性。文末點出爺爺有「年輕心態」的原因，是他具有勤奮好學、不甘落後的精神。認識深刻，表現出對爺爺的欣賞之情。

我的小寵物

我的寫作大綱

關鍵詞 _____

	段落大意	內容
開始		
中間		
結尾		

佳作共賞

生命因關懷而美麗，因付出而精彩；上帝創造生命，本沒有貴賤之分，善待一切生命，就是善待人類自己。——題記

幾年前，我和爸爸媽媽買了兩隻小倉鼠。可能是不認識我吧，在回家路上，牠們一直縮在籠子的一角，一動也不動。

回到家，我興奮地逗弄牠們，然而牠們卻極其機警地看着四周；我幾次想摸摸牠們，牠們卻極不配合，我手一伸進去，牠們便東躲西藏，好不容易抓住一隻，把它放到掌心，它卻毫不留情地向我的手心猛咬一口，痛得我連忙縮回了手。

寫作手法

動作描寫，觀察細膩，表現小倉鼠對陌生環境機警的特性

為了和小倉鼠培養感情，我把籠子放在桌子上，坐在一邊盯着小倉鼠。我一邊往籠子裏放倉鼠最愛吃的稻穀和小麥，一邊和它們調侃：「親愛的小倉鼠，你就讓我摸一下吧，如果你同意呢，就舉起爪子，不同意呢，就不舉。」看着它們津津有味地吃着稻穀，我懷疑它們根本沒把我的話聽進去。

酒足飯飽後，兩個小傢伙似乎很感謝我這個小主人。我再次把手伸進籠子，牠們這嗅嗅，那聞聞，猶豫了半天終於跳上我的掌心。我摸着牠們，幾乎能感覺到牠們那戰慄的骨架裏跳動着的嬌小的心臟。我撫摸着它們柔軟的灰白絨毛，把牠們貼到臉邊，牠們是那麼溫順，也把臉貼在了我的面頰上。

漸漸地，小傢伙與我非常熟悉了。每次我做作業，牠們就待在一邊，睜着小眼睛陪着我，那樣子，安靜極了，溫順極了。

現在，那兩隻倉鼠已經不在了，但它們讓我明白——動物是有靈性的，你對牠們好，牠們也一定會對你好。

人與動物是如此，人與人，又何嘗不是呢？

(呂澤超)

運用對話及擬人法，表現作者看小倉鼠為朋友，願意與牠們好好相處

動作描寫，同樣表現了小倉鼠機警的習性，但也可以看出小倉鼠與小作者的感情慢慢親近

思維導圖

關鍵詞 警惕 培養感情 寫作業 熟悉

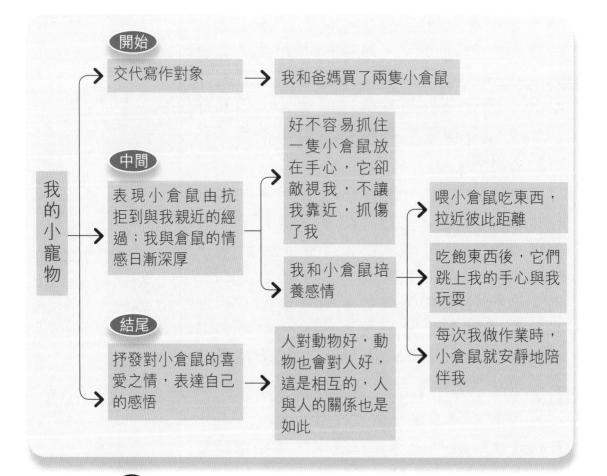

我的小寵物

開始 交代寫作對象 → 我和爸媽買了兩隻小倉鼠

中間 表現小倉鼠由抗拒到與我親近的經過；我與倉鼠的情感日漸深厚

好不容易抓住一隻小倉鼠放在手心，它卻敵視我，不讓我靠近，抓傷了我

我和小倉鼠培養感情

→ 喂小倉鼠吃東西，拉近彼此距離

→ 吃飽東西後，它們跳上我的手心與我玩耍

→ 每次我做作業時，小倉鼠就安靜地陪伴我

結尾 抒發對小倉鼠的喜愛之情，表達自己的感悟 → 人對動物好，動物也會對人好，這是相互的，人與人的關係也是如此

良師點評

　　作者通過描述寵物小倉鼠與人的關係，刻畫出一個深刻的道理——人與動物、人與人的關係都是相互的，應該彼此尊重、彼此愛護。作者又運用外貌、動作描寫等手法，將與小倉鼠關係慢慢拉近的過程細膩生動地描繪出來。值得一提的是，以題記表明文章的中心，恰到好處，充分發揮提綱挈領的作用。

一份特別的禮物

我的寫作大綱

關鍵詞 _____

	段落大意	內容
開始		
中間		
結尾		

佳作共賞

我雖然是個女孩子，可性格絕對像男孩——調皮、大膽、急躁。不管是自家親戚還是爸爸的朋友到我家，我都會問一聲：「有沒有給我的禮物？」或者是「給我帶吃的了嗎？」這讓初來我家的客人尷尬得很，也好多次惹來爸爸的責罵：「一個女孩子，怎麼一點也不知難為情啊？」

幾次以後，爸爸看我依舊沒改過的樣子，前年我生日那天，特意送我一盆含羞草。我明白他的意思，這就不是說我缺乏女孩子文雅的特質嗎？

其實，我還是很喜歡這盆鬱鬱蔥蔥的綠色植物的。我小心地把它放在窗台上，讓明媚的陽光照着它。空閒時，我會仔細地觀察這惹人喜愛的小精靈。它的莖有半

寫作手法

語言描寫，表現自己比男孩還要急躁

尺來長，莖上有刺，讓我想到了刺蝟。橢圓形的綠葉片片對稱，翠綠欲滴。用手輕碰它一下，那葉片會緩緩地捲起來，變成一根針的樣子，不一會兒，等它覺得安全時，那葉片才會舒展開來。也許，這就是它得名「含羞草」的原因。含羞草的花呈圓形，外圈是粉紅色的，中間是星星點點的淡黃色花瓣。星期天，一個人在家面對着窗台上的含羞草靜靜地看着、想着，是一件愉快的事。

喜歡它，自然也會特別地關照它。我勤快地給含羞草澆水、施肥。結果，幾天之後，含羞草倒顯得沒了精神，葉子也變黃了。是甚麼原因啊？我急了，就去問媽媽。媽媽樂呵呵地對我說：「太性急了啊，施肥是該……」照着媽媽的話去做，含羞草漸漸又恢復了生機。

一年多了，爸爸送給我的含羞草仍然羞澀地在窗台上望着我，也不知是我升班了還是種養含羞草的這一段經歷，爸爸不再罵我了，反而常常對我大加讚揚，說我的性格有了變化，變得斯文又懂禮貌了。

(朱怡婷)

外貌描寫，寫出了含羞草惹人喜愛的外形特徵

動作描寫，「勤快地澆水、施肥」但得出反效果，一方面表現了作者對含羞草的關愛之情；另一方面再次凸顯了小作者凡事急躁、不懂循序漸進的性格

思維導圖

關鍵詞 沒禮貌　含羞草　觀察　變化　懂禮貌

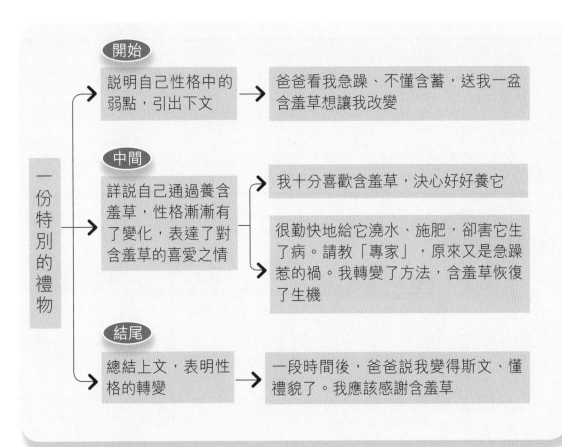

一份特別的禮物

開始

説明自己性格中的弱點，引出下文 → 爸爸看我急躁、不懂含蓄，送我一盆含羞草想讓我改變

中間

詳説自己通過養含羞草，性格漸漸有了變化，表達了對含羞草的喜愛之情

→ 我十分喜歡含羞草，決心好好養它

→ 很勤快地給它澆水、施肥，卻害它生了病。請教「專家」，原來又是急躁惹的禍。我轉變了方法，含羞草恢復了生機

結尾

總結上文，表明性格的轉變 → 一段時間後，爸爸説我變得斯文、懂禮貌了。我應該感謝含羞草

良師點評

　　本文成功展現了作者巧妙的構思、精妙的寓意和清晰合理的思路邏輯。這份禮物之所以特別，是因為它隱含了爸爸教育作者的目的，後來作者在親自栽種含羞草的過程中，慢慢學會了含蓄、內斂、有條不紊，達到了爸爸的預期。結尾總結全文，寫爸爸誇作者斯文、有禮貌，間接表示含羞草教會作者「含蓄」。

我家小貓

我的寫作大綱

關鍵詞 _____

	段落大意	內容
開始		
中間		
結尾		

佳作共賞

我家有一隻貓。牠一身虎皮似的毛大衣，光滑得像擦過油，虎頭虎腦的，像一隻小老虎，十分可愛，我們都叫牠「佳佳」。

佳佳有個花臉蛋，長着一張小巧的嘴，小嘴旁邊有幾根鬍子，一翹一翹的，神氣極了。有一次，爸爸刮鬍子，我看見佳佳的鬍子太長了，就拿起剪刀準備把牠的鬍子剪短些。爸爸急忙阻止我說：「不能剪，這鬍子是貓的尺子。」

「尺子？我沒聽說過。」爸爸說：「貓要到洞裏捉老鼠，就要用鬍子量一量，如果鬍子不受到觸碰，那就進得去了。」原來貓的鬍子作用還挺大呢！

佳佳四肢靈活，行動敏捷，每隻腳上

寫作手法

外貌描寫，寫出了小貓神氣的外形

有五個鋼鈎一樣的爪子，十分鋒利。一雙藍寶石似的大眼睛，炯炯有神，再加上一條毛茸茸的尾巴，翹起來，威武極了。

我愛佳佳，常逗牠玩。一次，我把一個圍棋子立起來一推，棋子向前滾去，牠高興地跑了過去，也學着把圍棋一推，滾了！牠立即得意地朝我叫：「喵！喵……」好像在說：「你瞧，我能和你下棋了！」牠看見棋子滾遠了，就猛撲過去。糟糕，棋子倒了，牠長長地叫了一聲：「喵——」彷彿在說：「小主人，幫我把棋子擺好吧！我求你了。」看着牠那可愛勁兒，我不用提多開心了。

夜深了，屋裏一片寂靜，你看，屋內怎麼會閃出兩道藍光？哦！原來佳佳還沒睡，一直凝視着房屋的四周，正在全神貫注地站崗放哨呢！忽然，砰的一聲，椅子倒了。我從夢中被驚醒，拉開燈一看，喲，佳佳立功了，只見牠抓了一隻小老鼠，小老鼠還在拼命地掙扎着，嘴裏吱吱吱地發出臨死前的哀鳴。

「佳佳」真是一個既可愛又勇敢的小傢伙，我們全家都喜歡牠。

（華浩荃）

外貌描寫，寫出了小貓威武的形象

運用動作描寫及擬人手法，把小貓活潑好動的習性準確描繪出來

擬人法，小貓晚上在家「站崗」，生動地描寫小貓的生理特性

關鍵詞 神氣 鬍鬚 威武 可愛

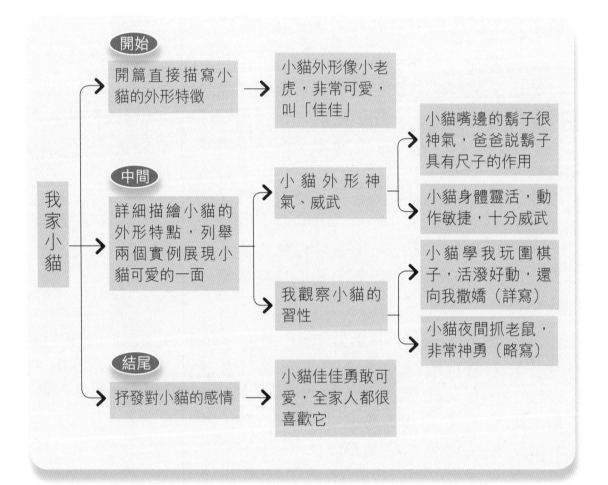

良師點評

　　文章開篇點出了作者對小貓佳佳的喜愛,然後描寫小貓的外貌特徵和具體事例,從不同側面展示了小貓的可愛與頑皮,非常成功。文末用一句簡潔的話呼應全文,抒發全家人對小貓的喜愛之情。

街頭小販

我的寫作大綱

關鍵詞 _____

	段落大意	內容
開始		
中間		
結尾		

佳作共賞

寫作手法

　　不知何時，小街旁豎起了一把高大的廣告傘，傘下擺放着一個現做現賣米團的點心攤。攤主是一位中年婦女，其貌不揚，衣着樸素。每天上學我都要從大傘旁經過，有時懶得瞥上它一眼，就遠遠地把它甩在身後。然而今天，我卻深情地凝望了它許久。

　　早上，我睡過了頭，接過媽媽準備的早餐費就匆匆出了門。外面好冷，寒風颼颼地灌進衣袖，我趕緊收緊了袖口，直奔街頭的那把大傘下。大傘下，人頭攢動，熱氣騰騰，彌漫着陣陣香甜的氣息。攤主阿姨一邊手腳麻利地忙碌着，一邊熱情地招呼着顧客。

　　「阿姨，買個甜心米團。」阿姨點了

點頭，嫻熟地抓起一團珍珠般晶亮的糯米飯，放在潔白的塑料紙上，然後均勻撒上烏黑噴香的芝麻，又撒了一小勺白糖鋪上。接着，阿姨雙手合攏，來回揉搓，眨眼間，一個誘人的米團做好了。

動作描寫，表現出阿姨工作的熟練

我舔了舔嘴唇，連忙掏錢。誰料，錢像蒸發了似的，口袋裏空空的。我急了，又翻遍了整個書包，依舊不見一毛錢的蹤影。真倒霉，肯定半路上掉了沒察覺。這可怎麼辦？我一臉尷尬，不知所措。

「小姑娘，別急，這個米團送給你了。」阿姨微笑着把米團遞過來。「這怎麼行呢？阿姨，我不買了。」我無奈地擺擺手，轉身想走。「這沒甚麼的。我幾乎天天看到你經過這裏，我們也算是老朋友啦，請吃一個米團吧！」阿姨咯咯一笑，兩眼閃爍着溫暖的光芒。她不容分說，把米團直往我手裏推。我不好意思地收下了。

語言、神態描寫，凸顯了阿姨熱情、大方的品性

寒風瑟瑟，可我渾身暖融融的。回首凝望，遠處那把大傘顯得格外醒目，格外美麗，猶如盛開在街頭的一朵鮮花，正默默地迎風吐豔。

巧用比喻，令文章饒有餘韻

（王紫懿）

思維導圖

關鍵詞 買早點　沒帶錢　白送　溫暖

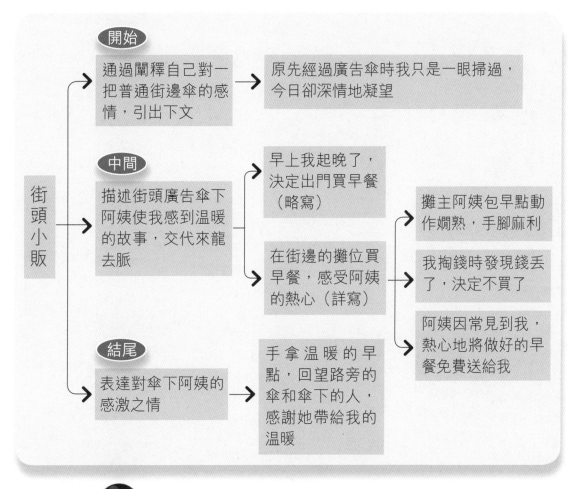

街頭小販

開始
通過闡釋自己對一把普通街邊傘的感情，引出下文 → 原先經過廣告傘時我只是一眼掃過，今日卻深情地凝望

中間
描述街頭廣告傘下阿姨使我感到溫暖的故事，交代來龍去脈
→ 早上我起晚了，決定出門買早餐（略寫）
→ 在街邊的攤位買早餐，感受阿姨的熱心（詳寫）
　→ 攤主阿姨包早點動作嫻熟，手腳麻利
　→ 我掏錢時發現錢丟了，決定不買了
　→ 阿姨因常見到我，熱心地將做好的早餐免費送給我

結尾
表達對傘下阿姨的感激之情 → 手拿溫暖的早點，回望路旁的傘和傘下的人，感謝她帶給我的溫暖

良師點評

　　作者的構思很巧妙，開篇和結尾都以「傘」做敘述主體，前後呼應，突出了傘在「我」心中的代表意義。主體段落詳細描述了「傘下的人」，通過回憶傘下阿姨送給「我」的溫暖，感悟在身邊的真情。文章語言流暢，感情真實，心理描寫非常準確。

四、寫景貴優美

好的寫景作文，帶給人一種身臨其境的「真實感」，即便沒去過、看過那處景致的人，也能透過作者的筆端，看到文字傳遞出如詩一般的優美景色。一篇好的描寫文，應能靈活地運用比喻、擬人、排比、誇張等多種修辭手法，結合遠近、整體局部、裏外、高低等方位順序，將優美的景致用靈動的筆觸表現出來。

寫景作文要注意三個方面：

1　仔細觀察，把握住景物的特徵，綜合運用我們的五官，用視覺、觸覺、嗅覺、味覺等感官對景物進行細膩的描寫，表現景物的詩畫意境，用文字營造一幅濃淡皆宜的山水畫卷。

2　景物描寫細膩優美。能從點滴細節中找到令人心醉的景物，通過比喻、擬人多種修辭方法和由遠及近、由上到下、由此及彼的描寫順序，細膩描繪景物，淋漓展現描寫對象之美。

3　看景同時抒發感情。將筆端蘸滿真情的色調，在描寫景物的同時寫出自己所思所想，讓讀者產生共鳴。

思維導圖

寫景貴優美

> **開始**
> 開篇交代觀賞的緣由，點明時間、人物及地點，引出下文。

> **中間**
> 用優美的筆觸，按照一定的順序，巧用修辭手法，精心描寫途中所見美景及景物的特徵。

> **結尾**
> 表達對景色的讚歎和對自然的熱愛，抒發自己的感情，結束全文。

清晨

我的寫作大綱

關鍵詞 _____

	段落大意	內容
開始		
中間		
結尾		

佳作共賞

　　清晨，天空如一塊繃緊的、神祕的藍黑色綢布。

　　當鳥兒歌唱家用婉轉動聽的美妙歌喉，深情地吐出第一個音符後，鳥兒演奏家便用不同的樂器為牠們配樂。配樂是悠揚的，讓人極為舒暢。鳥兒歌唱家的歌聲時高時低，但是歌聲裏，包含着大自然清新淳樸的氣息。置身於這大自然特殊的氣息中，我感到前所未有的輕鬆和愉悅。

　　清晨的音樂會已經開始了。

　　鳥兒最熱愛的，一定是陽光。牠們這甜美的歌聲和奇妙的樂章，一定是為了迎

寫作手法

巧用比喻，將清晨的天空比喻成「綢布」，形象生動

擬人法，把鳥兒分成「歌唱家」和「演奏家」兩類，抓住兩者的特徵加以發揮

接太陽而唱和的。

霞光邁着輕快的腳步來了——東方的天際，藍黑色的綢布漸漸地被金色照亮。幾朵棉花似的輕柔的白雲，被霞光抹上了迷人的橘紅色，鑲上了金邊。

太陽終於露出了臉兒，鳥兒們唱得更歡了。或許，太陽因為這樣熱情的迎接而害羞，紅着臉躲到了高樓身後。它並不是傲慢地散發出刺眼的光芒，而是漲紅了臉，一步一步地，緩緩地從高樓走上天空。當它在天空站定時，慢慢地神情自若起來，似乎正從高處欣賞地面那令人心曠神怡的景色。它的臉兒不再羞紅，逐漸發出了金色的光芒！這一剎那，萬物都充滿了活力。河面泛起的層層漣漪，折射出了萬道細碎的金光。

陽光照在我的肩上，我感到温暖和充滿希望。這温暖的陽光，浸透了世間萬物，浸透了這個夏天。

（葉佳惠）

擬人法，霞光來參加清晨的聚會，將遠方的天空點亮

神態、動作描寫，巧用擬人法，太陽羞澀地露出頭來，為清晨的聚會增添光明的力量

思維導圖

關鍵詞　清晨　鳥兒　霞光　太陽　温暖

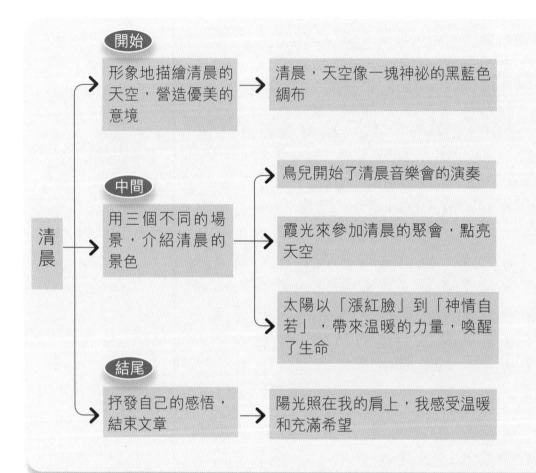

清晨	開始 形象地描繪清晨的天空，營造優美的意境	→	清晨，天空像一塊神祕的黑藍色綢布
	中間 用三個不同的場景，介紹清晨的景色	→	鳥兒開始了清晨音樂會的演奏
		→	霞光來參加清晨的聚會，點亮天空
		→	太陽以「漲紅臉」到「神情自若」，帶來温暖的力量，喚醒了生命
	結尾 抒發自己的感悟，結束文章	→	陽光照在我的肩上，我感受温暖和充滿希望

良師點評

　　作者用時間的順序來突出清晨景物的不同風貌。他根據時間延續的順序，分別用鳥兒、霞光、太陽三種事物來表現清晨的優美景色，描寫細膩，充滿詩情畫意。

春的腳步

我的寫作大綱

關鍵詞 _____

	段落大意	內容
開始		
中間		
結尾		

佳作共賞

春，已邁着輕盈的步伐來到人間。

冬風看見春的身影，立刻停止搗蛋，一溜煙地逃得不見蹤影，取而代之的是輕柔的春風。春風柔柔地吹過大地，大地立刻換上了綠裝，小河也成了涓涓細流，歡快地唱着歌。

風和雨是一對密友，總是結伴而來。春天的雨連綿不斷。滋潤着大地，撫摸着大地，小聲地呼喚着大地。黃芽兒被春雨喚着探出頭來，又害羞地低下頭，晶瑩的水珠閃着光，好像調皮的眼睛；桃樹吐出了嫩綠色的小葉子，然後又在葉子中心結出了粉紅色的花蕾，那花蕾漸漸地長大，開出了鮮豔的花朵，在雨中歡笑着；不計其數的小草在春雨的滋潤下一根根挺直了

寫作手法

擬人法，大地換上了綠裝、小河唱歌，寫出了春風帶來的歡快氣息，形象地刻畫了春回大地的場景

運用擬人、排比手法，表明了春雨滋潤了萬物，描寫生動形象、細膩優美

腰板，齊刷刷地鑽出地面，積蓄了一個冬天的活力在一夜春雨裏爆發。

「轟——」春雷震耳欲聾，沉睡的動物被驚醒了。它們舒展筋骨，四處遊玩；呼呼大睡的春筍破土而出，脫掉了一件件棉襖；布穀聲中農民也不辭辛苦，抓緊時間播種⋯⋯

春，開心地笑了。花開得越發動人，香氣越發沁人心脾，繁花芳醇，姹紫嫣紅；歸來的燕子在屋簷下築巢，歌聲更加悅耳動聽；行人道上再次疊起重重的樹影，綠色的生命變得生機勃勃。陽光裏的行人告訴我，快樂開始了——從春天來到的那個時刻！

春完成了使命，她可知道新的一年因她而來臨，因她而精彩，萬物復蘇，萬物歡騰！

（黃玉霖）

擬人、排比手法，寫出了春雷震醒了沉睡的生命，筆墨不多、韻味十足

良師點評

作者在描述春的腳步來臨時，運用了擬人、排比等修辭手法，形象地展現了生命的軌跡和成長的痕跡，描寫優美、形象生動，刻畫生命特徵準確。他又用春風、春雨、春雷三種景致象徵春的腳步，展現一幅生機勃勃的圖畫。

思維導圖

關鍵詞 春風　春雨　春雷　萬物歡騰

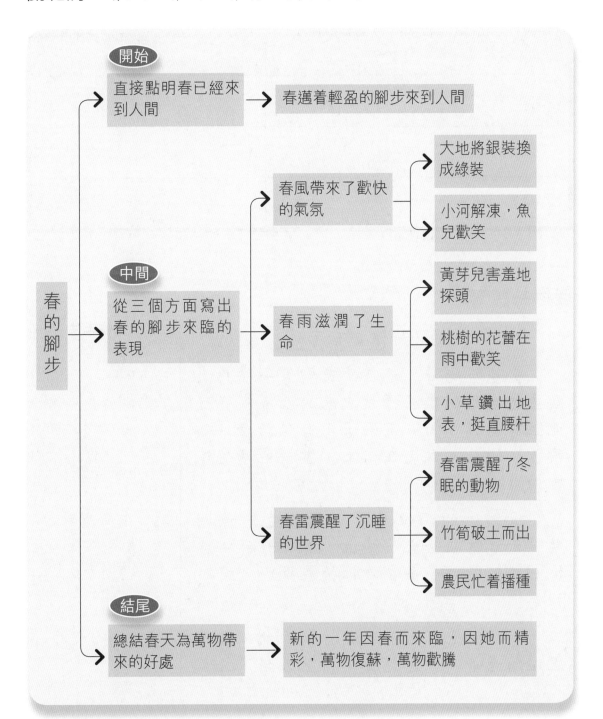

雨・彩虹・人生

我的寫作大綱

關鍵詞 _____

	段落大意	內容
開始		
中間		
結尾		

佳作共賞

天陰沉沉的，好像要下雨了。

雲越集越密，這時的天空像一個馬上就要把自己的委屈釋放出來的人。我發現地上有點濕，啊，下雨了！有句話說「春雨貴如油」。我走在街上，盡情地享受這貴如油的春雨。

這細細的雨像針尖、像牛毛、像細絲。雨滴落在臉上、手上，涼絲絲的，就像一隻可愛的小手在為你撓癢癢呢，舒服極了！

雨漸漸地下大了，我打開雨傘，在街上繼續走着。遠遠望去，街上盛開了許多

寫作手法

巧用比喻，將雲的密集與堆壓，比喻成為「滿含委屈、準備發洩的人」，想像新奇，比喻恰當

將細小的雨絲比喻成「為人抓癢的小手」，形象生動

會動的花，有紅的、有藍的、有黃的、還有粉的⋯⋯有一些小花上還印着可愛的卡通圖案。地面集成了一個個的小水窪，雨落在裏面，便泛起一陣陣漣漪，真是別有一番情趣。

雨小了，雲散了，太陽出來了。這時，我驚奇地發現天邊竟出現了一道彩虹。剛開始彩虹很模糊，漸漸地，彩虹清晰地展現在我面前了。紅橙黃綠青藍紫七種顏色色彩鮮明，過渡自然，美麗極了。

看到這樣的美景，使我想起了一句話：「不經歷風雨，怎能見彩虹？」是啊！人生就是這樣，古今中外，哪個人的成功沒經歷過重重磨難？讓我們正確地認識困難，勇敢地挑戰困難。我相信，在風雨過後，你就是那道最絢麗的彩虹。

（張慶）

將雨中的花傘比喻成「花朵」，形象貼切。看到水窪中的漣漪，感悟別樣的情趣

良師點評

作者通過對一場雨景的描繪，寫出了自己獨特的感悟。按照時間順序，作者先是用細膩的筆觸寫出了雨景的優美、愜意，隨後通過對雨後彩虹的感悟，得出文章的中心——經歷風雨，才能看見彩虹。情景交融的寫作手法，為文章增添了思想的深度，是一篇可以借鑒的優秀作文。

思維導圖

關鍵詞　雨絲　雨傘　彩虹　人生

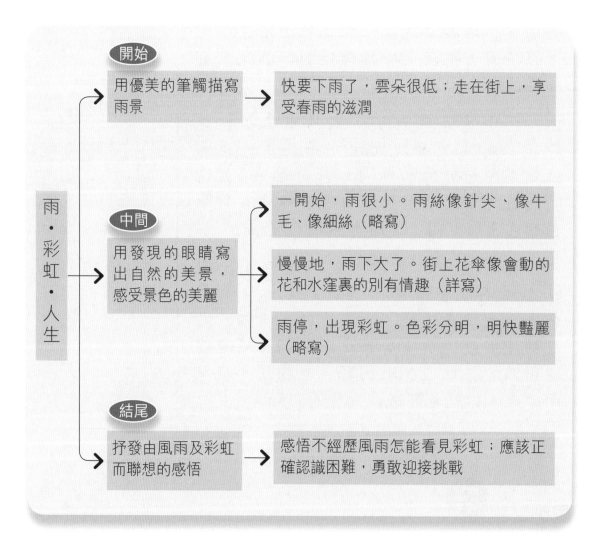

雨・彩虹・人生

開始
用優美的筆觸描寫雨景 → 快要下雨了，雲朵很低；走在街上，享受春雨的滋潤

中間
用發現的眼睛寫出自然的美景，感受景色的美麗
→ 一開始，雨很小。雨絲像針尖、像牛毛、像細絲（略寫）
→ 慢慢地，雨下大了。街上花傘像會動的花和水窪裏的別有情趣（詳寫）
→ 雨停，出現彩虹。色彩分明，明快艷麗（略寫）

結尾
抒發由風雨及彩虹而聯想的感悟 → 感悟不經歷風雨怎能看見彩虹；應該正確認識困難，勇敢迎接挑戰

霧中遊黃山

我的寫作大綱

關鍵詞 _____

	段落大意	內容
開始		
中間		
結尾		

佳作共賞

聖誕期間，我跟爸媽到黃山遊蓮花峯。蓮花峯是黃山第一高峯，海拔一千八百多米。遠眺蓮花峯、怪石嶙峋直聳雲天，加上白雲繚繞，彷彿是一朵蓮花，美麗極了。我這次上黃山，碰上陰天，雖然許多景點沒能去觀賞，但我敢說，蓮花峯的景色足以代表黃山美景了。

在過蓮梗時，山裏忽然漫起了濃濃的霧。那乳白的一片，像是覆蓋在身上的絨絨細毯，軟綿綿的，趕也趕不走。這時，旁邊的兩位遊客說：「碰上大霧天，到蓮花峯來觀景，所看到的要比平時更加秀美。」我不大相信，霧天還能看到甚麼景色呢？

當我們手扶鐵鏈，踏上最後一級石階

寫作手法
巧用比喻，將蓮花峯比喻為「蓮花」，恰如其分

時，霧更大了，漫山遍野，只能看到不遠的綽約山影。我有些沮喪了，吃這麼大的苦難道就是為了看這些？我坐下來，無奈地望着眼前的山霧：層層疊疊地堆在一起，嬉皮笑臉地跳躍不停，優哉遊哉地玩着⋯⋯抓一把，濕漉漉；踏一腳，軟綿綿；吸一口，甜絲絲。我覺得自己根本不是在黃山最高峯，而是被淹沒在霧的海洋裏。

沒多久，霧慢慢變稀薄了，淡淡的，宛如無數條尼龍紗巾在眼前飄動。較高一點的山慢慢露面了，石頭縫裏仍有幾縷貪玩的煙霧在嬉戲。「雲以山為體，山以雲為衣」這話果然沒錯。

霧在漸漸下降，像一層厚厚的絨毛在半山腰飄浮。啊，這就是黃山馳名世界的美景。

黃山的美景曾吸引了多少中外遊客，處於黃山高處的蓮花峯更使遊人讚不絕口，流連忘返。我身邊的一位外國遊客閃着湛藍的大眼睛讚歎道：「真美啊！」

作為一個中國人，我以美麗的黃山而驕傲、自豪！

（羅於斌）

動作、心理描寫，寫出了蓮花峯頂濃霧彌漫、看得見抓不住的特點

運用擬人法，將濃霧退去時遠山近景的不同層次變化，細膩地表現出來，語調活潑

思維導圖

關鍵詞 黃山　蓮花峯　霧　美景　自豪

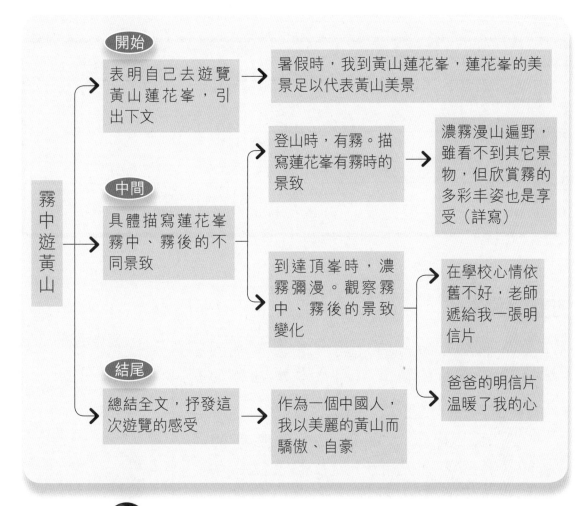

霧中遊黃山

開始
表明自己去遊覽黃山蓮花峯，引出下文 → 暑假時，我到黃山蓮花峯，蓮花峯的美景足以代表黃山美景

中間
具體描寫蓮花峯霧中、霧後的不同景致

登山時，有霧。描寫蓮花峯有霧時的景致 → 濃霧漫山遍野，雖看不到其它景物，但欣賞霧的多彩丰姿也是享受（詳寫）

到達頂峯時，濃霧彌漫。觀察霧中、霧後的景致變化 → 在學校心情依舊不好，老師遞給我一張明信片

爸爸的明信片溫暖了我的心

結尾
總結全文，抒發這次遊覽的感受 → 作為一個中國人，我以美麗的黃山而驕傲、自豪

良師點評

　　作者以優美的語言描繪蓮花峯霧中的美景，表現出一種詩意的氛圍。心理過程波折，開始登峯時因為霧的影響，心情沮喪；等霧散去，發現峯頂因為濃霧消散有了獨特的景色，心中的自豪感油然而生。文章中作者靈活運用了動作、心理描寫等手法。

荷花世界

我的寫作大綱

關鍵詞 _____

	段落大意	內容
開始		
中間		
結尾		

佳作共賞

今年夏天的一個清晨，爸爸帶我到荃灣城門河公園，觀賞剛剛從夢中睡醒的荷花。

剛站上荷花池方旁，一股濃郁的香氣就撲鼻而來。荷花的莖大多是綠色的，也有些是灰色的，好像一把把小雨傘的傘柄，上面佈滿了細小的刺兒，莖中有許多連着的絲，真是「藕斷絲連」。

莖的頂端是綠色的荷葉，綠得那麼新鮮。圓圓的葉子均勻地鋪在水面上，有些像一把把撐開的傘，有些像碧綠的圓盤，有些像一把把小扇子。透過荷葉的空隙，

寫作手法

善用比喻，將荷莖比喻為「傘柄」，形象生動

排比、比喻，將各種形態的葉子描述出來，表現了池塘荷葉形態萬千，多姿多彩的美

只見一把把帶着刺的荷柄在水中昂首挺胸。

　　荷葉上綴滿了潔白無瑕的荷花。這些荷花盛開了，白色的花瓣中露出金黃色的花蕊。嫩黃色的小蓮蓬在仰頭微笑，散發出陣陣芳香，使你禁不住一嗅再嗅。有些荷花才展開兩三片花瓣，有些還是含苞欲放的花骨朵，嫩紅色的花骨朵像小巧玲瓏的火把。一陣陣風拂過，荷葉、荷花隨風起舞，我彷彿在觀看一場大型的花傘舞。

　　我多麼喜愛這出淤泥而不染的荷花啊！

（張英如）

巧用比喻，將荷葉、荷花的狂歡看做「花傘舞」，想法獨特，從側面描繪出荷花世界的優美

良師點評 ☑

　　在作者營造的優美意境中，荷花也似有靈性一般細膩柔順，展現了別樣的風采。小作者分別描寫了荷花的莖、葉、花，從色澤、樣式、形態等方面入手，通過細膩的描繪，營造了詩意的氣氛。

關鍵詞 荷莖　荷葉　荷花

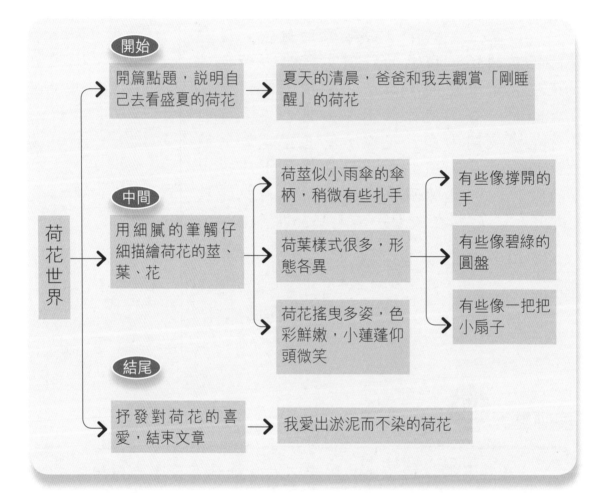

五、想像見奇趣

最具想像精神的作文，在構思上有出人意料之處，或是想像經歷離奇，或是想像視角出人意料，或是想像涵蓋的時間和空間跨度很大。想像作文要獲得別人的青睞，就要注意在合理想像的基礎上，最大限度地發揮自己的想像力，用流暢生動的語言將故事情節表述完整。具體來說，可以從以下幾個角度創作：

1　穿越時空歷險。讓思維穿越時空的界限，縱橫古代與現代，或寫古代人穿越時空來到現代，或寫現代人穿越時空回到古代，也可以寫現代人穿越時空去看看未來，總之，要通過合理的想像與聯想，表現古今文化的差異引發的新奇故事，表現時代的變遷和古今的差異。

2　經歷複雜事件。揮動自己想像的翅膀，講述一個情節曲折、一波三折的複雜故事，詳細構思故事中的人物性格，並設計跌宕起伏的故事情節，配合文章主題，增添閱讀的趣味性。

3　描繪科技的未來。將想像的思緒放飛，描繪若干年後出現的新鮮事物，從事物的外形、功能入手，重點寫出新科技元素，表現未來科技給事物帶來的新變化，讓生活變得更加美好。

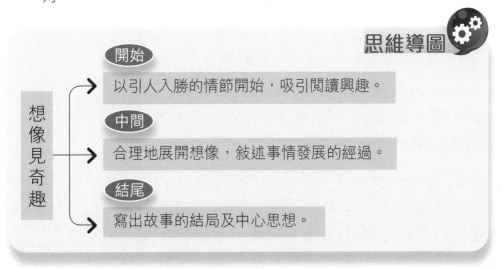

思維導圖

想像見奇趣

開始
以引人入勝的情節開始，吸引閱讀興趣。

中間
合理地展開想像，敘述事情發展的經過。

結尾
寫出故事的結局及中心思想。

諸葛亮買電風扇

我的寫作大綱

關鍵詞 _____

	段落大意	內容
開始		
中間		
結尾		

佳作共賞

寫作手法

　　話說諸葛亮在劉備那兒當了軍師後，閒着無聊，便出去溜達溜達。當走進一片小樹林時，他突然看見一個手持時空穿越器的現代人。他不知道那人是誰，就搖着鵝毛扇問：「爾乃何許人也？為何打扮得如此古怪？」那人趕緊回答：「我是未來人，來這裏玩玩。」他瞧了一眼諸葛亮手裏的鵝毛扇，笑道：「沒想到如此有名的諸葛亮先生竟用這般破爛的扇子。走，我帶你到未來世界去買個高科技的電風扇。放心，錢由我付！」說完，沒等諸葛亮同意，那人就一把將他拉到了現代。

　　換上了現代衣服，那人把對現代科技一無所知的諸葛亮拉到家電店。諸葛亮被琳琅滿目的電風扇晃花了眼睛。他左看看、右瞧瞧，上摸摸、下摸摸，一臉的好奇。結果人家售貨

動作描寫，「左看右瞧」「上摸下摸」表現諸葛亮看到新奇事物時的喜悅和好奇

員直嘀咕，笑他是「鄉下大老爺進城——頭一回」。其實，這還真差不了多少！

現代人指着一台立式大風扇，對諸葛亮介紹說：「這種風扇看起來很笨重，其實是由最新研製的輕便材料做的，非常輕巧，你試拿着！」諸葛亮趕緊提了提，說：「確實不錯，很輕，但用不着那麼大的，還是看看別的吧！」於是，那人又介紹起另一台電風扇：「這種電風扇不僅小巧、美觀，而且用的是最堅固的材料，保證用上三十年沒一條裂縫！」諸葛亮又仔細地瞧了瞧，滿意地點點頭。那人馬上付錢買走了這台電風扇。

諸葛亮謝過現代人，接過電風扇剛要走，現代人攔住了他：「喂，等等！諸葛先生！我給你買這麼貴重的東西，你就沒有甚麼東西來感謝我嗎？」「這……」諸葛亮趕緊在自己身上找了起來。他想：有了電風扇，應該用不着扇子了吧，於是把手上的鵝毛扇送給了那人。「哇，這可是文物耶！」那人十分高興地接過扇子，然後把諸葛亮和剛買的電風扇又送回到了三國時代。

哇，這個寶貝得讓主公開開眼界！諸葛亮拿着電風扇興沖沖地往回趕。他哪裏知道，自己那個時代沒有電，根本用不了電風扇。你猜最後怎麼着？可憐的諸葛亮只得又請人做了一把鵝毛扇，把那台根本派不上用場的電風扇供了起來。

這就叫「智者千慮，必有一失」啊！

(孫乾坤)

語言描寫，諸葛亮精心挑選、婉言謝絕，不滿意所看的電扇，表現他不輕信別人、有自己的判斷

心理描寫，從諸葛亮的角度考慮問題，分析準確，描述生動

心理和動作描寫，表現了諸葛亮喜悅的心情

思維導圖

關鍵詞　諸葛亮　鵝毛扇　現代電扇　古代沒電

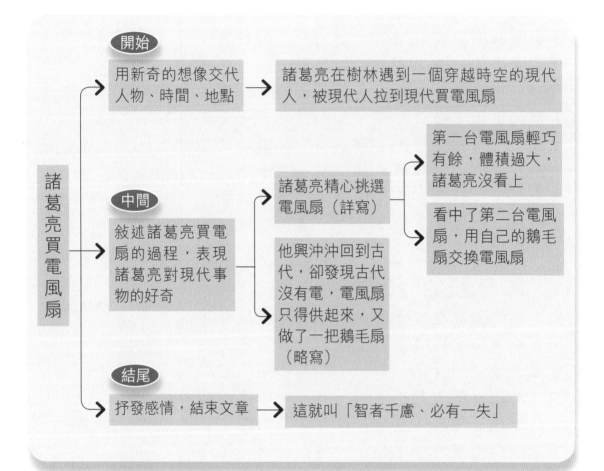

良師點評

　　作者的推理想像十分到位，為讀者呈現了一篇想像佳作。開篇說諸葛亮來到現代發現了電風扇的妙用；隨後挑選了一台稱心如意的，還用自己的鵝毛扇做了交換；回到古代後卻發現因為沒有電，電風扇根本派不上用場，只得重新做了一把鵝毛扇。整篇文章推理想像奇特，情節連貫，構思合理。

奇遇曹操

我的寫作大綱

關鍵詞 _____

	段落大意	內容
開始		
中間		
結尾		

佳作共賞

「啊——」早晨我一睜開眼，禁不住尖叫起來，天花板的中央竟然出現了一個心形的大窟窿！一番震動之後，我的眼前出現了一個自稱「曹操」的人。他身披盔甲，手持長劍，白臉黑鬚，濃眉大眼，隱隱帶着一股殺氣，令我心驚膽戰。

我問他為何大駕光臨，他說他是特意來找我聊天的。通過一番閒聊，我發現曹操並非像《三國演義》中說的那麼陰險，在他的心靈深處，也有着不為人知的一面。

這不，我剛說嫌悶得慌，他便立刻掏出一錠白銀，要陪我出去逛街遊玩。不過，我得先讓他換套衣服，不然這樣出去肯定會嚇壞街上的行人。可他試了試我爸

寫作手法

外貌描寫手法，「盔甲」「長劍」「白臉黑鬚」「濃眉大眼」等詞，形象生動地從側面刻畫了曹操的性格

語言、動作描寫，從側面烘托出曹操獨立、自我的性格特徵

爸的衣服，擺手説：「這算甚麼衣服！我還是穿自個兒的寬袖長袍吧！」

　　我帶他走在繁華的大街上，他好奇地東瞧瞧、西望望，引來了不少圍觀者。突然，廣播裏傳來國內當紅歌星林俊傑唱的那首《曹操》：「東漢末年分三國，烽火連天不休……」曹操一聽，愣了半晌，繼而不停地追問：「這唱的是我嗎？」我説：「對呀，現在這首歌在國內很流行呢，你都成了名人了。」他一聽，樂得鬍子直翹。

神態、語言描寫，「追問」「鬍子翹」寫出了曹操被看做名人的高興心情

　　接着，我又帶他參觀了電腦商城，還教他玩電腦遊戲。玩着玩着，他被現代版「火燒赤壁」的遊戲情節給惹惱了，又吹鬍子又瞪眼睛，説：「我是這等無能之輩嗎？我大敗袁紹、橫掃中原的戰功哪兒去了？」我笑着説：「雖然你打了不少勝仗，但是赤壁一戰確實輸給了精明的周瑜和諸葛亮啊。這個遊戲程序是根據歷史事實來開發、編程的。」

語言、神態描寫，「吹鬍子」「瞪眼睛」表現出曹操「梟雄」的性格和霸氣

　　聽了我的話，他若有所悟地點點頭，對我説：「可否帶我去當年的古戰場看一看？」「當然可以。」説着，我便帶他坐飛機來到了江漢平原。瞧，這裏良田萬頃，好一派豐收景象。看着眼前的和平景色，曹操感歎不已。

　　至此，曹操對我說：「我今日穿越時空，重返人間，真是大開眼界啊！想我曹孟德，雖有統一天下之壯志，卻又因殺戮過多，以至於讓我永世背負『一代奸雄』之罵名，羞煞人也。小姑娘，我真羡慕你們這和平年代的生活。」話音一落，他便從我的眼前消失了，一切又恢復了原狀。

　　我望着完好無損的天花板，感歎不已。

（閆藝心）

良師點評

　　曹操穿越時空，到了現代世界與作者交流，反思了自己原先的觀點，接受了現代人的和平理念。作者在表述這一主題時，綜合運用了語言、動作、神態等多種描寫方法，生動形象地再現了曹操的轉變過程，行文結構清晰，詳略得當。

關鍵詞 曹操 不為人知 聽音樂 玩遊戲 悔悟

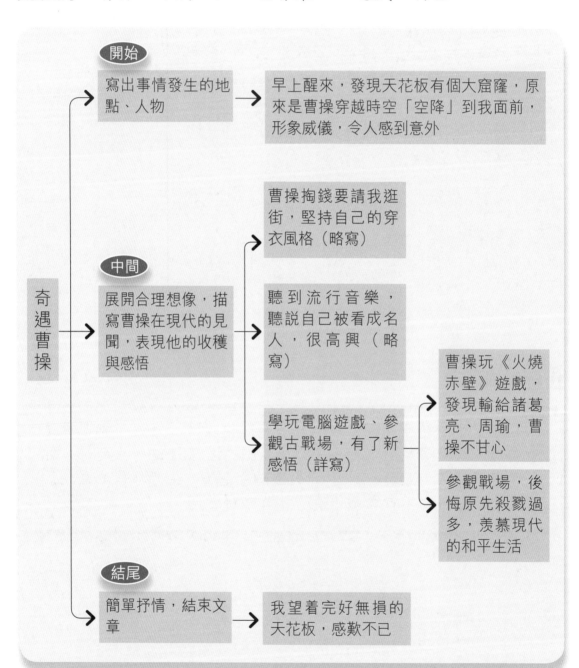

我跟楊利偉遊太空

我的寫作大綱

關鍵詞 _____

	段落大意	內容
開始		
中間		
結尾		

佳作共賞

寫作手法

　　2035年，我被選為中國太空人，將與楊利偉叔叔一起乘坐「神舟十號」上太空執行重要任務。我的心情既緊張，又激動。

　　發射時刻即將來臨，我和楊利偉叔叔登上了「神舟十號」飛船，各就各位。這時，控制塔上傳來洪亮的聲音：「飛船即將進入發射倒計時，各部門做好發射前的最後準備……3、2、1！發射！」只聽見一聲巨大的轟鳴震得地動山搖，火箭騰空而起，以排山倒海的氣勢直插雲霄，衝破了大氣層的阻力，風馳電掣般地飛向太空。經過十八分鐘的飛行，飛船進入了預定軌道。我透過窗口遙望地球，映入眼簾的是一個晶瑩透亮的球體，藍白色的綢帶相互交錯，頗為壯觀。

誇張法，充分刻畫火箭發射升空時震天動地的情況

飛船進入軌道後，我的首項任務是將飛船與太空站對接。我調控着飛船的速度，逐漸接近太空站，因為我是首次登陸太空，顯得有些手忙腳亂。楊叔叔就對我說：「你要沉下心冷靜地操作，否則會誤大事。」楊叔叔顯得十分老練，迅速調整了飛船對接的方位，啟動了動力艙。飛船與太空站的距離越來越近了，五百米、一百米、十米、一米……飛船終於與太空站對接了。我立即啟動對接裝置，使飛船與太空站連成了一體。

我們進入了太空站。在太空站裏人完全處於失重狀態，飄浮着，一切都變得輕飄飄的。這正是科學實驗的好時機。楊叔叔把從地球帶來的「治癌疫苗」拿出來進行試驗，「治癌疫苗」在太空失重的條件下，細胞加快變化。聽楊叔叔說，這些疫苗如果試驗成功，帶回地球後，癌症將從此消失得無影無蹤。我們還做了很多其他科學實驗，都達到了預期目標。

我們在太空中的最後一項任務是出艙活動。我飄在太空中，看了看遙遠的地球，心裏不禁有點心驚膽戰，怕一不小心會跌回地球上，摔個粉身碎骨。楊叔叔好像看出了我的心思，說：「不要擔心，這件太空衣有保護裝置，十分安全。」聽了這句話，我才放心。我正在適應太空

語言、動作描寫，凸顯了楊利偉心理能力的成熟和操作技術的熟練

環境，突然間，一塊隕石向我飛來，嚇得我手忙腳亂，幸好楊叔叔及時把我拉了過去。我學着楊叔叔的步法，輕輕地向前邁步，一走竟是十幾米，真好玩。

正當我玩得開心的時候，傳送器裏傳來了聲音，原來是地球的控制員發來的指令：「請宇航員進入飛船，立即返回地球。」

我們戀戀不捨地返回「神舟十號」飛船。我啟動返回裝置，一會兒功夫，飛船就安全着陸在地球上了。我們順利地完成了「神舟十號」的太空任務，真是太棒了！

(劉志業)

良師點評

作者採用虛實結合的手法來寫作，將楊利偉寫入文章，使想像與現實交融在一起。文章將太空之旅寫得波瀾起伏，從點火到回地球，每一步都因為有心理描寫及環境襯托，從而顯得與眾不同、驚喜連連。

關鍵詞　楊利偉　太空任務　飛船　科學實驗　出艙行走

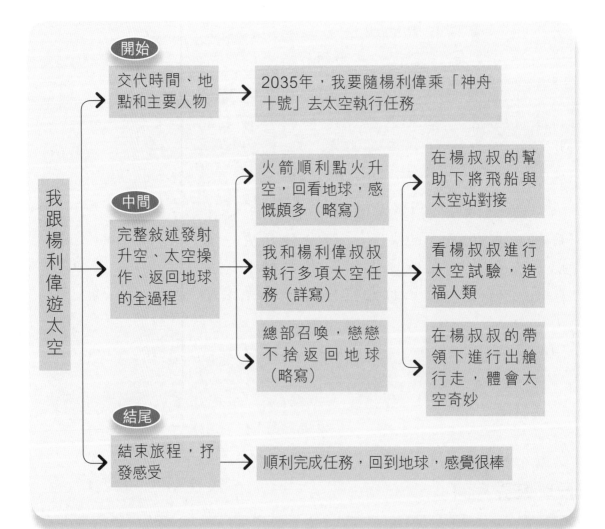

未來的機械人

我的寫作大綱

關鍵詞 _____

	段落大意	內容
開始		
中間		
結尾		

佳作共賞

寫作手法

　　未來的機械人是甚麼樣的呢？誰也不知道，這要靠自己的努力去發明創造。

　　在我的意識中，未來的機械人一定比現在的機械人先進很多。它的腦子裏被裝了一種電磁波，能接收外界傳來的信息，並能迅速作出回答，具有高超的判斷和分辨能力。你不會的問題也可以問它，它一定會給出令你滿意的答案。

　　未來的機械人是一台萬能電腦。你只要說出需要搜索的文字，它立刻搜索出網頁，投射到牆上，讓你一目了然。當然，你如果需要點擊某個網頁來搜查，只要在牆上那兒點擊一下就可以了。更為神奇的是，這種機械人不用電，只要給它吃易拉罐等可回收的東西，它便會利用「資源重

動作描寫，「立刻搜索」「投射」點出了未來機器人快捷、靈活的特徵

組站」將這些可回收垃圾轉化成能量，吃一次可回收物品，能量可維持一周的時間。

　　未來的機械人還會做家務。你把從網上搜集到的關於烹飪的資料存入它的芯片裹，它就會做出一道道美味佳餚，讓人吃得津津有味、讚不絕口。當你不在家時，它會啟動變形功能，變成一盆花或隨意一件讓人察覺不出異樣的物體，隨時迎接小偷「光臨」。小偷一旦進來了，機器人就會自動變成原來的樣子，把小偷抓住。它的時速是每分鐘一千米，所以小偷是逃不出它的手掌心的。抓住小偷後，它會自動啟動報警裝置，讓警察來把小偷抓走審查。

　　這就是未來的機械人。我想，這種機械人在二十二世紀就會被發明出來的。

（洗家榮）

動作描寫，通過「啟動」「自動變」「抓」等詞，寫出了未來機器人能靈活應對情況，幫助主人解決難題的功能

良師點評 ☑

　　本文首段用提問的方式引起大家的思考，隨後敍寫了機械人強大的科技功能——能方便迅速地查找資料、環保不費電、會做家務、還會抓小偷，是「全能型」的新一代機器人，想像新奇有趣。

思維導圖

關鍵詞 未來機械人 萬能電腦 做家務 抓小偷

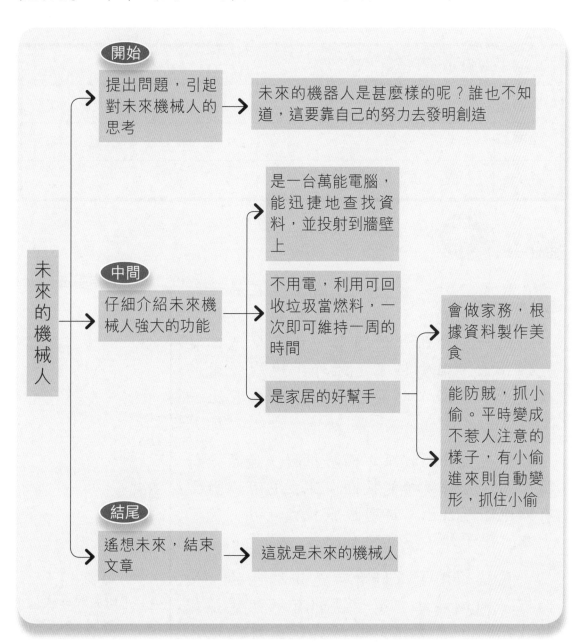

未來的機械人

開始
提出問題，引起對未來機械人的思考 → 未來的機器人是甚麼樣的呢？誰也不知道，這要靠自己的努力去發明創造

中間
仔細介紹未來機械人強大的功能

→ 是一台萬能電腦，能迅捷地查找資料，並投射到牆壁上

→ 不用電，利用可回收垃圾當燃料，一次即可維持一周的時間

→ 是家居的好幫手 → 會做家務，根據資料製作美食

能防賊，抓小偷。平時變成不惹人注意的樣子，有小偷進來則自動變形，抓住小偷

結尾
遙想未來，結束文章 → 這就是未來的機械人

我設計的校服

我的寫作大綱

關鍵詞 _____

	段落大意	內容
開始		
中間		
結尾		

佳作共賞

寫作手法

　　我要設計一款校服，因為現在的校服存在很多問題。首先是面料問題，我們剛一出點汗，校服就像膠水一樣緊緊地貼在我們身上，難受極了。此外，現在校服的款式也很老套，功能也單一，穿在身上一點自豪感也沒有。

　　但我設計的校服，面料很好，透氣、舒服，而且有許多功能按鈕，穿上它可以非常有效地保護自己。這套校服款式新穎，除了上衣、裙子外，還有配套的鞋、帽子。

　　校服的帽子很好看，是粉紅色的，側面有一個蝴蝶結。帽子頂部有一個箭頭似的指路器，只要你對着話筒說出目的地，指路器的電腦屏幕上立即出現相關的地圖，只要你按照地圖走，就可準確無誤地走到你想要去的地方。

外形描寫，「粉紅色」「側面有蝴蝶結」等詞，讓人對帽子的款式和樣子有了整體性的認識

校服上衣是紫的，功能很多。左胸上有一個不仔細看發現不了的按鈕，這是降落傘。假如你身處高樓但恰巧發生了火警，只要你按一按這個按鈕，頭上會出現一頂降落傘，把你送回地面。右胸上有一個口袋大小的季節調整器。綠色的是春裝；紅色的是夏裝；黃色的是秋裝；白色的按鈕對應的是冬裝。在領結的末端還有一個小的幾乎看不見的按鈕，按一下有潛水的功能，按兩下就可以變回原樣。在衣服的下擺，有一個跟衣服顏色一樣的按鈕。下雨時按一下它，衣服上方就會出現一把雨傘來為你遮雨。

校服裙子的功能最實用。裙子左腰上有一個危險警報器。只要附近有危險，警報器的聲音會傳進你的耳朵。裙子右腰上有一個探測跟蹤器，如果你被人跟蹤，它會傳出高頻的聲音，讓你提高警覺，並嚇退可疑人物。

跟上衣、裙子配套的還有飛翔鞋。只要你說出密碼，飛翔鞋會帶你高高飛起，直到你說停，它才會降落。不過，如果你說停的地方是大海，你又沒啟動潛水裝置，那它就會直接停在水面上，直到你啟動了潛水裝置為止。

哈哈！我彷彿已經看見自己設計的校服穿在學生身上了！ （徐永璨）

運用排比句式寫出衣服一年四季都有相對應的顏色變化

思維導圖

關鍵詞 設計校服　指路器　降落傘　季節調節器　危險警報器

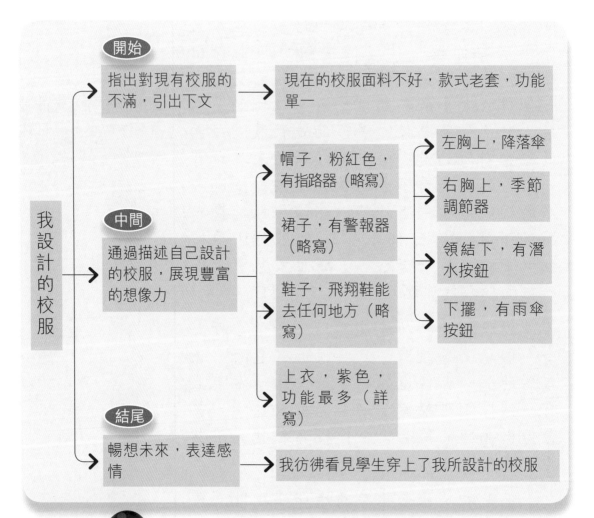

良師點評

　　因為現有校服有不如人意的地方，作者通過自己設計的校服來滿足大多數人的需求。從結構上看，作者的思路很清晰，從帽子、上衣、裙子、鞋子，由上到下的順序寫出了自己的設計理念和科學細節。想像豐富，凸顯出作者是一個善於觀察生活、注重細節的人。

多功能眼鏡

我的寫作大綱

關鍵詞 _____

	段落大意	內容
開始		
中間		
結尾		

佳作共賞

  自從戴上了眼鏡，我就有了數不清的煩惱。上體育課時總是擔心它會被碰碎；熱氣會沾在眼鏡上，所以吃飯時我又必須把它摘下，很不方便；吃水果的時候，一個不小心還會濺上水果汁，真是太麻煩了！

  要是能發明一種多功能的眼鏡該有多好！

  突然，我發現自己已經置身於二十二世紀了，家裏變成了高科技的天地！電冰箱、電腦、電視無一不是高科技的產物，再看看自己鼻樑上的眼鏡……哇！這不就是我夢寐以求的多功能眼鏡嗎？

  這種眼鏡極薄極輕又透氣，汁水濺不上，沒有鏡框，可自動調節度數，無需驗

寫作手法

首段列出現在眼鏡有「易碎」「易有哈氣」「易髒」等缺點，引起下文對未來多功能眼鏡的嚮往

光。如果到了晚上，鏡片會自動調節成紅外線模式，可以在漆黑的夜晚看東西、看書，清楚極了，看久了眼睛也不累。若是到了設定的時間，它還會自動按摩眼睛，這可比現行的眼睛保健操有用多了。而且，這種不怕碎的鏡片是由最堅固的「合金樹脂」做成的，鏡架由「塑鐵」合成，可以任意扭曲，絕不會斷開。非常方便的是，這種眼鏡可以任意改變鏡架的大小和鏡片的度數，爺爺奶奶、叔叔阿姨、小朋友戴着都會很合適。

這種眼鏡還可以防水，變成泳鏡。它不但可以真空防霧，還可以拍攝海底世界的美麗景觀。

它也可以當望遠鏡，只要進入「望遠模式」，就可以隨意調節倍數。當你遇到珍奇的鳥類時，可以使用眼鏡上的數碼相機將鳥拍下來，還可以錄下鳥鳴叫的聲音。

你還可以將眼鏡設置成「治療模式」，慢慢你就會發現你的視力一天比一天好，眼睛可以很快和近視、遠視、散光說再見了！

我正興致勃勃地想着，卻被突然傳來的「嗞嗞」的聲響和一陣煎蛋的香氣弄醒了，緊接着傳來媽媽喊我起牀的聲音……

（寧晟喆）

結尾從夢境中醒來的處理非常巧妙，用聽覺和嗅覺喚醒了意識，完成了情景的轉換

思維導圖

關鍵詞 眼鏡　紅外線模式　隨意調節　泳鏡　望遠鏡　治療儀

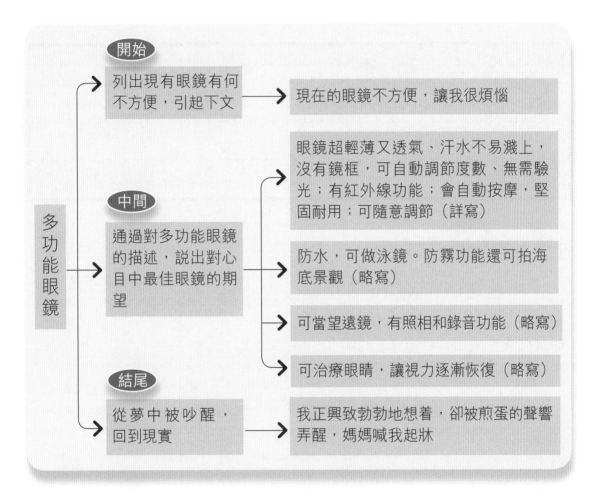

開始

列出現有眼鏡有何不方便，引起下文 → 現在的眼鏡不方便，讓我很煩惱

多功能眼鏡

中間

通過對多功能眼鏡的描述，説出對心目中最佳眼鏡的期望 →

眼鏡超輕薄又透氣、汗水不易濺上，沒有鏡框，可自動調節度數、無需驗光；有紅外線功能；會自動按摩，堅固耐用；可隨意調節（詳寫）

防水，可做泳鏡。防霧功能還可拍海底景觀（略寫）

可當望遠鏡，有照相和錄音功能（略寫）

可治療眼睛，讓視力逐漸恢復（略寫）

結尾

從夢中被吵醒，回到現實 → 我正興致勃勃地想着，卻被煎蛋的聲響弄醒，媽媽喊我起牀

良師點評

　　作者在現實中發現了佩戴眼鏡時產生的諸多不便，於是冒出自己看看未來眼鏡的念頭。二十二世紀的眼鏡有很多新功能，它既方便又實用，能當泳鏡、望遠鏡、治療儀器，為眼睛帶來全方位的舒適服務。輕鬆幽默的語言，搭配天馬行空的想像，非常精彩。

火山下雪

我的寫作大綱

關鍵詞

	段落大意	內容
開始		
中間		
結尾		

佳作共賞

你聽說過「火山下雪」嗎？你對這一奇怪的現象感到好奇嗎？告訴你，我曾親眼看到「火山下雪」。不信，讓我來告訴你吧！

「火山下雪」其實是我親自製作的一道菜的名稱。這「火山下雪」的稱呼傷了我幾千個腦細胞，算是挺有創意吧？我已經申請專利了！嗯，言歸正傳，下面就由我這個超級小廚師來教教你怎樣做這道菜吧。

請準備好兩個西紅柿和一勺白糖，聰明的你已經猜出來了吧？對，「火山」就是大家經常吃的西紅柿，「雪」就是白糖。現在讓我們開始「火山下雪」的製作吧：拿兩個西紅柿，用清水洗乾淨，再摘

寫作手法

一連串的動作描寫，「洗」「切」「撒」「攪拌」等詞將製作步驟完整地呈現出來，準確、生動

掉葉柄，然後把它們放到廚板上。拿起刀，注意要小心地把西紅柿切成均勻的小塊。西紅柿切好後，放到乾淨的盤子裏，再把糖均勻地撒到西紅柿的上面，用筷子輕輕地攪拌一下。這樣一道美味可口的「火山下雪」就順利做成了。

看，紅的像火，白的像雪，讓人看了直流口水。嘗一口，一股甜津津、涼絲絲的香甜味兒直鑽入我的心裏！

太棒了，我要把這道菜留着晚上和家人一起吃，看來我家「頂呱呱廚師」（媽媽）的桂冠要易主了。哦對了，還有一點忘了告訴你，「火山下雪」這道菜特別適宜夏天吃，可以清熱、解暑，又能使你胃口大開，還很有營養。你記住了嗎？

（虞璿）

巧用比喻，用「紅似火、白似雪」展現食物的形態特徵

良師點評

本文的創新之處在於作者用自己靈巧的雙手實踐了美化生活的目標。看，作者將製作一道美味佳餚——「火山下雪」的步驟，一步步分解、一點點準確地介紹，讓人能體會到作者的用心與專心。

關鍵詞　買早點　沒帶錢　白送　溫暖

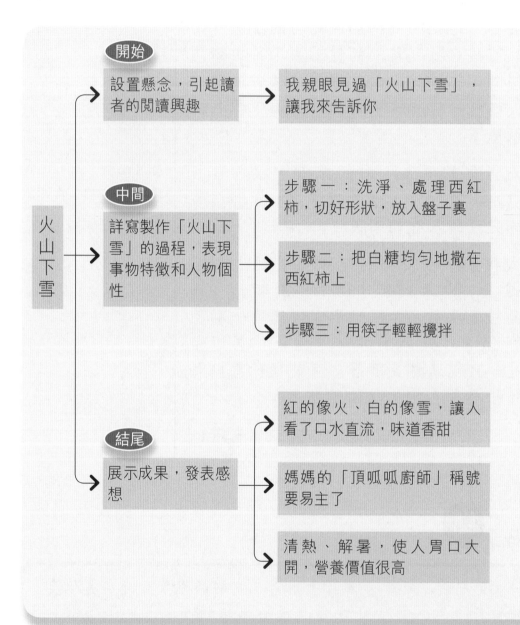

火山下雪

開始

設置懸念，引起讀者的閱讀興趣 → 我親眼見過「火山下雪」，讓我來告訴你

中間

詳寫製作「火山下雪」的過程，表現事物特徵和人物個性

→ 步驟一：洗淨、處理西紅柿，切好形狀，放入盤子裏

→ 步驟二：把白糖均勻地撒在西紅柿上

→ 步驟三：用筷子輕輕攪拌

結尾

展示成果，發表感想

→ 紅的像火、白的像雪，讓人看了口水直流，味道香甜

→ 媽媽的「頂呱呱廚師」稱號要易主了

→ 清熱、解暑，使人胃口大開，營養價值很高

新編「守株待兔」

我的寫作大綱

關鍵詞 _____

	段落大意	內容
開始		
中間		
結尾		

佳作共賞

　　自從農夫幸運地撿到一隻撞死在樹邊的兔子後，他每天在樹旁擺一張搖椅、沏一壺茶，躺在搖椅上面，搖着蒲扇、眯縫着眼，心裏美滋滋地想：嘿嘿，説不定待會兒又有又肥又大的兔子撞到樹上……

　　好幾天過去了，沒有兔子跑來撞死，又過了是幾個星期，仍沒有兔子跑來撞死……眼看莊稼快要枯死，農夫也不管，任憑家人怎麼勸他，他都不聽。家人沒辦法，只好去求鄰村的智者幫忙。智者是個熱心腸，二話沒説，欣然答應。

　　一天，農夫依然坐在樹旁等待着他的「餡餅」。智者走到他身旁説：「這幾天我冥思苦想，想到了一個讓更多的兔子跑來撞死的法子，你願意聽嗎？」有人指點迷

寫作手法

心理描寫，「搖着蒲扇」「眯縫着眼」等詞表現了農夫貪婪，坐等兔子撞樹的心理

津，農夫當然樂意聽了。「願聞其詳！」「我的法子就是——種樹！」智者不慌不忙地說。「種樹？」農夫迷惑不解。「你想想看，樹多了兔子撞死的機會不就更大了嗎？」農夫一拍腦門，如夢初醒。

　　智者走後，農夫趕緊向親戚借錢種樹。在農夫的精心照料下，小樹一天天長大。農夫每天奔波於家和樹林之間，後來覺得麻煩，就乾脆搬家。在這段時間裏，居然有幾隻笨兔子命喪樹林中，讓農夫更加堅定了種樹的信心。一年又過去了，農夫卻再也沒撿到撞死的兔子。

　　幾年過去了，小樹長成了參天大樹，農夫卻高興不來，他認為智者欺騙了他，因為這些年來他一無所獲，只過着有上頓沒下頓的日子。他越想越生氣，便怒氣沖沖地去找智者。智者知道了他的來意後，哈哈大笑：「這片樹林就是你的財富啊！現在木材十分珍貴，就看你會不會賺錢了。」

　　幾天後，果然有位老闆看中了農夫的樹林，出高價買下了。農夫不但還了債，還用餘下的錢做生意，成了村裏最富有的人！最重要的是，農夫明白了一個道理——天上不會掉下「餡餅」來，做人不能指望不勞而獲，只有勤勞才能過上幸福的生活！　　　　　　　　（葉蓓）

動作描寫，「搬」「奔波」等詞表明農夫以為又可佔了便宜，急切希望獲得成果的心情

思維導圖

關鍵詞 守株待兔 智者 種樹 財富

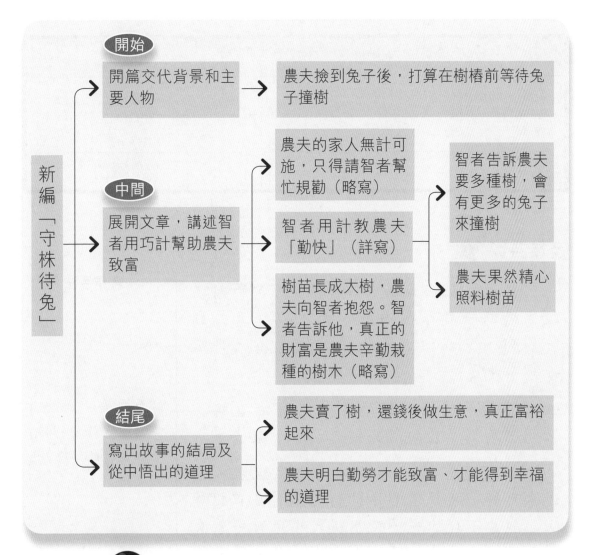

新編「守株待兔」

開始
開篇交代背景和主要人物 → 農夫撿到兔子後，打算在樹樁前等待兔子撞樹

中間
展開文章，講述智者用巧計幫助農夫致富

農夫的家人無計可施，只得請智者幫忙規勸（略寫）

智者用計教農夫「勤快」（詳寫） → 智者告訴農夫要多種樹，會有更多的兔子來撞樹

農夫果然精心照料樹苗

樹苗長成大樹，農夫向智者抱怨。智者告訴他，真正的財富是農夫辛勤栽種的樹木（略寫）

結尾
寫出故事的結局及從中悟出的道理

農夫賣了樹，還錢後做生意，真正富裕起來

農夫明白勤勞才能致富、才能得到幸福的道理

良師點評

　　作者對原故事中人物的性格特徵把握準確，農夫的貪婪使得他只願等待天上掉餡餅，由此引發智者用計使他勤快的故事。結尾處的感悟水到渠成。文章思路清晰，頗具新意，值得借鑒。

故事續寫：烏鴉和狐狸

我的寫作大綱

關鍵詞 _____

	段落大意	內容
開始		
中間		
結尾		

佳作共賞

　　自從被狐狸騙走了那塊已到嘴的肉之後，烏鴉一直很後悔。一天，烏鴉又得到一塊肉，它在樹上歇腳的時候，不巧再被狐狸看見了。

　　詭計多端的狐狸眼珠子滴溜溜直轉，又想把烏鴉嘴裏的肉騙到自己肚子裏去。

　　狐狸花言巧語地說：「烏鴉姐姐，您近來可好？又見了哪些世面呢？」烏鴉想：哼，我才不理你呢，又想騙我！狐狸一看烏鴉不理它，眼珠一轉，心想：你是蠢笨無比的烏鴉，而我是聰明絕頂的狐狸，今天不吃到你嘴裏的那塊肉，我就不是聰明的狐狸。上次我只誇你兩三句就成功了，這次我再拍你馬屁，不信你不開口。

　　狐狸又滿臉堆笑道：「烏鴉姐姐，您

寫作手法

神態描寫，「眼珠子滴溜溜直轉」寫出了狐狸狡猾的神態，形象生動

聽說了沒有？森林裏要開聯歡會為虎將軍慶祝生日呢！可是表演的演員，都是些甚麼東西？鳳凰、百靈鳥、夜鶯……哪能跟您比呢！」烏鴉聽了狐狸的話，有些飄飄然了，牠驕傲地抬起頭。突然，一個聲音在牠心頭響起：「吃一塹，長一智。狐狸口蜜腹劍，不能再上牠的當了。」

狐狸見沒生效，又說：「您能把您最喜歡的那首曲子唱給我聽嗎？那真是太動聽，太迷人了！」烏鴉聽了，心想：每次都是你害人，這次我要為被你欺騙的動物討回公道。於是牠便說：「在這個地方，我不想唱，要到美麗的地方我才唱。」狐狸等的就是烏鴉開口的這一刻，可是烏鴉說話了，肉為甚麼沒掉下來呢？原來烏鴉把肉放在了樹杈上，等話一說完，又把肉叼到嘴裏飛了。狐狸趕忙跟了過去。

烏鴉飛過虎將軍、獅大王、熊大臣及象博士的家，狐狸也跟着跑過牠們的家。烏鴉又在牠們家的上空飛了一圈，狐狸在地上也跟了一圈。四位「森林巨頭」見到狐狸兩次未敲門就隨便進出牠們的家，不把牠們放在眼裏，十分生氣，個個吹鬍子瞪眼睛，要找狐狸算賬。

這時狐狸還在做着吃肉的美夢呢！可惜牠連肉味兒都沒聞到，就成了老虎、獅子、熊、大象的出氣筒，真可悲啊！

（邵家琦）

動作、心理描寫，寫出了烏鴉聽了狐狸的話後「有些飄飄然」「驕傲」，另一方面也表明烏鴉吸取了上回的教訓，這次加倍小心

思維導圖

關鍵詞　烏鴉　狐狸　花言巧語　滿臉堆笑　口蜜腹劍　出氣筒

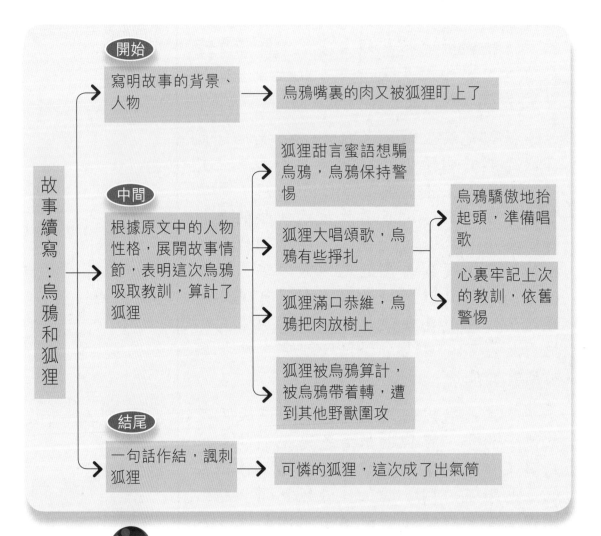

故事續寫：烏鴉和狐狸

開始
寫明故事的背景、人物 → 烏鴉嘴裏的肉又被狐狸盯上了

中間
根據原文中的人物性格，展開故事情節，表明這次烏鴉吸取教訓，算計了狐狸
→ 狐狸甜言蜜語想騙烏鴉，烏鴉保持警惕
→ 狐狸大唱頌歌，烏鴉有些掙扎 → 烏鴉驕傲地抬起頭，準備唱歌
→ 狐狸滿口恭維，烏鴉把肉放樹上 → 心裏牢記上次的教訓，依舊警惕
→ 狐狸被烏鴉算計，被烏鴉帶着轉，遭到其他野獸圍攻

結尾
一句話作結，諷刺狐狸 → 可憐的狐狸，這次成了出氣筒

良師點評

　　作者成功地抓住了原文的人物性格和故事情節，發揮想像，創作了有趣的情節。文中出現的語言、神態、動作、心理描寫，充分地豐富了人物形象，使得文章描寫到位，情節曲折，具有極強的故事性和可讀性。

六、書信傳衷情

　　日記、書信與童話等都是一些常用的文體。日記可以記錄每一天的生活軌跡；書信最便於表達情感；童話以神奇瑰麗的幻想展現對生活的思考。

　　寫這些日常文體需要注意甚麼呢？

1　寫日記要嚴格遵循日記寫作格式，寫明日期、時間與天氣，將一天中最值得被記錄、被收藏的記憶與經歷呈現，留下成長的足跡。

2　信件是最便於表達心中感想，可以給父母、老師、朋友、同學寫信，將積壓在心底、平常不好表達的真情完全抒發。

3　寫童話時要注意童話的內容特點，以此反映現實世界，或表達哲理，或表現情誼，或找出最值得學習的優點，或對不良現象進行諷刺，總之故事盡量要反映一定的道理，給人以深刻的啟迪。

思維導圖

書信傳衷情

開始

日記：規範的日記格式，寫明發生事件。
書信：書信的格式，寫明收信人和寫信目的。
童話：交代事情的起因和寫作背景。

中間

日記：詳細介紹一天中最值得記錄的事情。
書信：信件主體，詳細展開文章，表達自己的真實情感。
童話：發揮想像，盡量描繪想像中的大世界。

結尾

日記：總結一天的內容、心情。
書信：書信格式結尾，表達對對方的敬意。
童話：回到現實，抒發自己的感想。

一個人在家（日記）

我的寫作大綱

關鍵詞 _____

	段落大意	內容
開始		
中間		
結尾		

佳作共賞

10月28日　星期一　晴

　　哎，真倒霉！今天晚上爸媽都有事出去了，家裏只剩我一個人。

　　雖然我已經不小了，但是就是天生膽小。每到晚上，爸媽必須有一個陪我才行，否則我就會像「小尾巴」似的，他們走到哪裏，我就跟到哪裏。今天實在沒辦法了，他們一致說不能帶着我，並且說我應該鍛練了。我一賭氣，聲明從今天起我自立了，決不依賴他們。爸媽見我如此豪情，對視一笑，又囑咐了一些注意事情，關上房門就走了。

　　天公真不作美，偏偏今天颳起了風，門窗不停地響。我想起電影中那些鬼怪，那些令人恐怖的壞蛋，越來越害怕，感覺

寫作手法

巧用比喻，將自己比做父母的「小尾巴」，凸顯了自己膽小、害怕的性格特徵

心臟劇烈地跳動，好像它也在喊：「快放鬆，我快要蹦出來了！」大腦也在抗議：「別想那麼多了，我這裏都要發生交通事故了！」

　　我再也無心寫作業了，便走到客廳，打開電視，並且把聲音調得很大，坐在沙發上看起電視來。我的眼睛雖盯着電視，耳朵卻警惕地聽着外面的動靜。時間一長，心裏更是忐忑不安，我索性搗上耳朵，心裏默念着：我不害怕，就是不害怕！我看着時間一秒一秒地走過，盼着爸媽快點回來。

　　終於，我聽到了門外的腳步聲，緊接着是鑰匙開門的聲音。我心裏一陣歡呼，趕快跑出去迎接僅一個多小時不見的爸媽。他倆見到我，滿臉的笑容。爸爸說：「感覺怎麼樣？沒害怕吧？」我「驕傲」地一仰臉，「你們怎麼這麼快就回來了？我的自娛自樂節目還沒完呢！」他們也許沒想到，這麼英雄的我，正在感謝上帝呢！

　　哎，今天晚上真難熬啊！

（陳曉雲）

運用擬人手法，因為害怕，精神緊張，導致心臟和大腦進行集體抗議

心理描寫，充分反映自己獨個兒留在家中的不安情緒

語言描寫，雖然心中怕得要死，但還是嘴硬，不肯說出心裏話

 思維導圖

關鍵詞 膽小　害怕　電視　捂耳朵　難熬

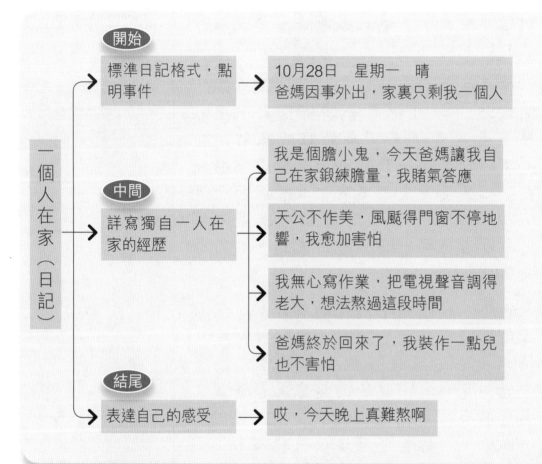

一個人在家（日記）

開始

標準日記格式，點明事件 → 10月28日　星期一　晴
爸媽因事外出，家裏只剩我一個人

中間

詳寫獨自一人在家的經歷 →

我是個膽小鬼，今天爸媽讓我自己在家鍛練膽量，我賭氣答應

天公不作美，風颳得門窗不停地響，我愈加害怕

我無心寫作業，把電視聲音調得老大，想法熬過這段時間

爸媽終於回來了，我裝作一點兒也不害怕

結尾

表達自己的感受 → 哎，今天晚上真難熬啊

良師點評

　　作者用日記的形式，記述了自己獨留在家的經歷。開篇形象化地表示了自己膽子小，這天晚上偏偏一個人在家。接着用風趣、幽默的筆觸，寫出了自己試圖用看電視戰勝恐懼但收效甚微，最後終於盼回了爸爸媽媽。文末感慨「今天晚上真難熬」，感情真實、思路清晰。

植物成長記（日記）

我的寫作大綱

關鍵詞 _____

	段落大意	內容
開始		
中間		
結尾		

佳作共賞

寫作手法

6月30日　　星期一　　晴

　　暑假，我和媽媽在藤籃裏種下了幾粒五彩辣椒的種子。我天天給它們澆水、鬆土，盼望它們盡快發芽、開花、結果。可是，一天過去了，兩天過去了……它們卻毫無動靜，一點也不着急，好像待在土裏很舒服。直到我要去外婆家了，它們還是不肯出來和我見面。

　　我從外婆家回來的時候，媽媽對我說：「兒子，你的小辣椒長出來了！」聽到這個消息，我高興得手舞足蹈，迫不及待地跑去看。只見一棵小辣椒秧挺着胸，抬着頭，長得十分茁壯。它的葉子是橢圓形的，正面又光又滑，背面長着密密麻麻的絨毛。我輕輕地摸了摸，非常柔軟。嫩

運用擬人法，描寫小辣椒「挺着胸，抬着頭」的外形，詳細地寫出了小辣椒剛出芽時的樣子

綠的葉子，看上去嬌嫩無比，十分惹人喜愛。一陣微風吹來，它隨風舞動，好像在向我招手。另一棵小辣椒秧只拱出了脊背，正懶洋洋地想站起來，樣子非常可愛。

我真希望它們快快長大，結出美麗的五彩辣椒。

擬人法，生動地描述了小辣椒的形態

7月20日　星期日　晴

小辣椒出土已經二十天了，給它們澆水、鬆土，是我每天的必修課。早晨，我起牀後的第一件事，就是把它們放到陽臺上，讓它們曬曬太陽。到了中午，我再把它們搬到屋裏的窗臺上，因為中午的太陽像個大火爐，會把小辣椒烤焦的。下雨天，我便把它們請到陽臺上，讓它們呼吸清新的空氣，接受雨水的滋潤。它們一天天地長大，每棵小辣椒又長出了兩片葉子。

在精心照料它們的過程中，我發現了一個奇怪的現象：小辣椒的葉子總是朝向窗外的。我覺得非常奇怪，於是，決定做一個小實驗。早晨，我移動藤籃使小辣椒的葉子朝向裏面，中午，我一回家，就迫不及待地去看，發現它們的葉子又朝向了窗外。難道它們會動？我決定再試一次。

一系列的動作描寫，將「我」發現植物向光性的過程詳細地描繪出，形象生動，描寫細膩

我又移動藤籃讓小辣椒的葉子朝向裏面，傍晚，我發現小辣椒像被施了魔法一樣，葉子又朝向外面，彷彿在向晚霞招手。我查了查資料，才知道植物總是向着陽光生長的。

哈，種小辣椒還讓我獲得了新知識。

9月10日　星期三　晴

兩個多月過去了，小辣椒已經有二十多厘米高了，還是絲毫沒有要開花的跡象。

我真想讓它快快長大，親眼看看那五彩小辣椒到底是藍色的、綠色的，還是橙色的。

為了讓它們盡快長大，我給它們澆的水更多了，給它們鬆土更勤了。現在它們越來越茁壯了，我的勞動終於有了回報。

我對小辣椒説：「小辣椒，你們就快點實現我的願望吧！」

語言描寫，表達自己對小辣椒長大的渴望，誠摯自然

10月4日　星期六　陰有雨

距離我種下小辣椒已經三個多月了，它怎麼還不開花？是天氣太熱了，還是水澆得不夠……

今天去外婆家，我向經驗豐富的外公請教，這才知道二三月份是種辣椒最好的季節，到了五六月份的時候，就可以摘了。而我的小辣椒是在六月底種的，是我種植的時間不對。我好後悔自己種得太晚了，如果早點種，早就可以看到五彩小辣椒了，說不定還能培育出下一代呢！

雖然我為沒有種出小辣椒而遺憾，但我卻仔細地觀察到了它們的生長過程。從一粒種子到發出了兩片葉子的嫩芽，再到長出四片葉子，然後長成一棵茁壯的辣椒秧……我一直照顧着它們。我已得到了很多很多，也得到了希望！

（邱普特）

直接抒情，表達對錯過最佳種植時間的懊悔

良師點評

作者用一組觀察日記，詳細地描述了自己種植辣椒的前後經歷，對其中觀察到的細節與感悟描寫細膩。從發現出芽的驚喜、發現植物向光性的激動、漫長等待的焦躁到發現奧祕的頓悟，作者伴隨着小辣椒的生長過程，經歷了一次生命的洗禮。動作、語言、心理等描寫手法交叉應用，豐富了表達方式，展示了作者靈活運用寫作手法的能力。

思維導圖

關鍵詞　種辣椒　發芽　向光性　種植時間

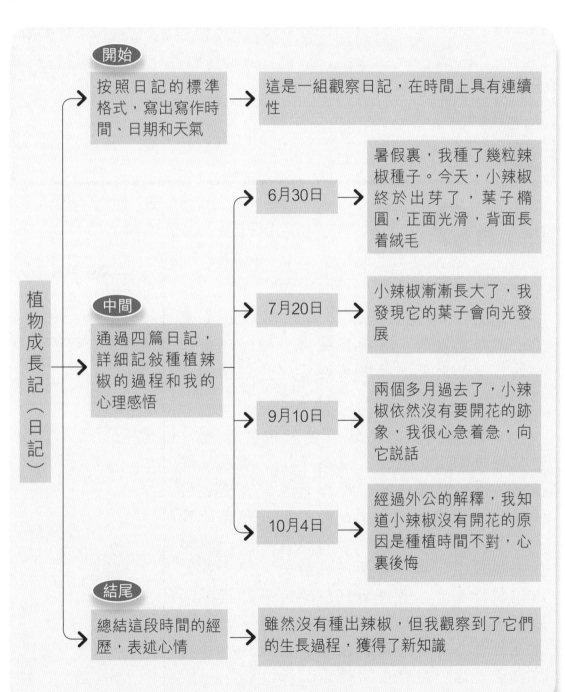

植物成長記（日記）

開始
按照日記的標準格式，寫出寫作時間、日期和天氣 → 這是一組觀察日記，在時間上具有連續性

中間
通過四篇日記，詳細記敘種植辣椒的過程和我的心理感悟

6月30日 → 暑假裏，我種了幾粒辣椒種子。今天，小辣椒終於出芽了，葉子橢圓，正面光滑，背面長着絨毛

7月20日 → 小辣椒漸漸長大了，我發現它的葉子會向光發展

9月10日 → 兩個多月過去了，小辣椒依然沒有要開花的跡象，我很心急着急，向它説話

10月4日 → 經過外公的解釋，我知道小辣椒沒有開花的原因是種植時間不對，心裏後悔

結尾
總結這段時間的經歷，表述心情 → 雖然沒有種出辣椒，但我觀察到了它們的生長過程，獲得了新知識

給老師的一封信

我的寫作大綱

關鍵詞 _____

	段落大意	內容
開始		
中間		
結尾		

 佳作共賞

敬愛的羅老師：

　　您好！時光如流水，轉眼間我將畢業了。不知怎麼的，最近我腦海中總浮現出您和藹可親的面龐，耳畔又迴響起您親切的話語。

　　還記得那年您要組織競選班長活動，當時我擔心選不上就太沒面子了，所以沒有積極準備。然而我的一舉一動並沒有逃過您的眼睛，您似乎能看穿我的心思。競選的日子一天天臨近，您把我叫到教員室，一開始並未提競選的事，只是跟我聊天，問我長大以後想幹甚麼，並告訴我想幹大事得從小事做起，然後才問我想不想競選班長。當我小聲地說出想時，您面帶微笑親切地說：「相信自己，你一定會成功的！」

寫作手法

將時光比喻為流水，形容時間的短促和易逝

　　當時，我從教員室出來後，我簡直是「飛」進教室的，因為我覺得自己是最幸福的。這樣的鼓勵對缺乏自信的我來說是多麼重要，它不僅使我成功地競選為班長，也點燃了我後來積極參與各項活動的熱情，甚麼讀書演講比賽、小巧手比賽、課本劇表演等活動。您用鼓勵開啟了我的心扉，讓我在自信中享受着進步的快樂和收穫的喜悅。

　　看到這，您也許能猜到我是誰了吧？告訴您，我就是那個對一切都充滿好奇的黃家琦。還記得剛進入學時，課堂上老師只有講新課時我才認真聽講，在確認自己的答案正確後才會舉手發言，書寫中的錯別字如果老師不指出來，我自己怎麼找也找不着。算起來像這樣的「小毛病」還真不少，也頗讓一些老師頭痛。而您，卻在不長的時間裏就發現了我有與眾不同之處。您常用溫暖的手撫過我的頭，提醒我認真聽講，還把稍難一些的問題留給我，讓我多些挑戰困難的機會。就這樣，我一步一步地成長起來，對未來充滿了自信。

　　羅老師，我也不知道如何感謝您，就讓我把您當最好的朋友吧！祝

笑口常開，青春永駐

您的學生
黃家琦上
二零XX年四月十八日

思維導圖

關鍵詞 競選 鼓舞 自信 朋友

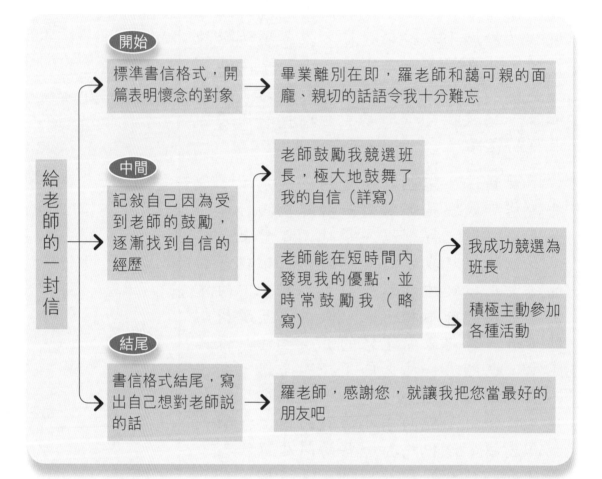

給老師的一封信

開始
標準書信格式，開篇表明懷念的對象 → 畢業離別在即，羅老師和藹可親的面龐、親切的話語令我十分難忘

中間
記敘自己因為受到老師的鼓勵，逐漸找到自信的經歷

→ 老師鼓勵我競選班長，極大地鼓舞了我的自信（詳寫）

→ 老師能在短時間內發現我的優點，並時常鼓勵我（略寫） → 我成功競選為班長

→ 積極主動參加各種活動

結尾
書信格式結尾，寫出自己想對老師說的話 → 羅老師，感謝您，就讓我把您當最好的朋友吧

良師點評 ☑

　　對作者而言，溫暖親切的啟蒙老師是最難以忘懷的。文中沒有多少華麗的詞句，但樸素自然的文筆、平白曉暢的語言卻道出了作者的心聲，寫出心中埋藏已久的感激之情，展現了師生之間溫馨感人的畫面。

與狐狸比聰明（童話）

我的寫作大綱

關鍵詞 _____

	段落大意	內容
開始		
中間		
結尾		

佳作共賞

　　森林裏的小動物都知道狐狸默默是最狡猾的了。而默默呢，自高自大，以為自己比誰都聰明，總想找個機會炫耀炫耀。

　　一天，默默意外地撿到一塊金磚，牠高興地想：哈，這回機會來了。於是牠在森林的每個角落都貼上了佈告。

親愛的動物們：

　　你們好！我手裏有一塊金磚，如果誰能向我說一句謊話又能讓我承認的，我就把金磚給它。

　　　　　　　　　狐狸　默默

　　動物們看了佈告後，紛紛跑來向默默說謊。一條眼鏡蛇對默默說：「我的爺爺住在北冰洋裏，大得像最大的鯨，還有四條像大象一樣粗的腿。」

寫作手法

心理描寫，寫出了狐狸默默急於炫耀自己比別人聰明的意圖

默默聽了說：「大千世界甚麼怪事都有，你說的也許是真的。」每次無論誰怎麼說，牠都這麼回答，所以誰也沒有得到金磚。

這天，一隻小黃狗想出了一條妙計。牠抱着一塊普通的磚頭來到默默面前，對默默說：「默默先生，你好啊！現在你有了金磚，變富了；而我卻變窮了。我這次是向你討回金磚的。」

「甚麼金磚？」默默故意裝出一副驚訝的樣子問。

小黃狗拿出磚頭說：「就是這樣一塊金磚，上個月你向我借走的。」

默默聽後氣極了：「我欠你一塊金磚？你撒謊！」

小黃狗說：「你說我撒謊，那你就把金磚給我吧！」

默默聽了恍然大悟，眼珠一轉說：「對了，對了，上個月我從你那兒借了金磚，我記起來了。」

小黃狗笑道：「那你現在就把金磚還給我吧。」

默默啞口無言，只好認輸，垂頭喪氣地把金磚給了小黃狗。這下默默明白了：各人有各人的長處及短處；世上沒有萬試萬靈的聰明，只有驕傲自滿的惡果。

（孫行）

動作、神態描寫，狐狸沒法說清，只得低頭認輸

思維導圖

關鍵詞 狐狸　聰明　金磚　小黃狗　道理

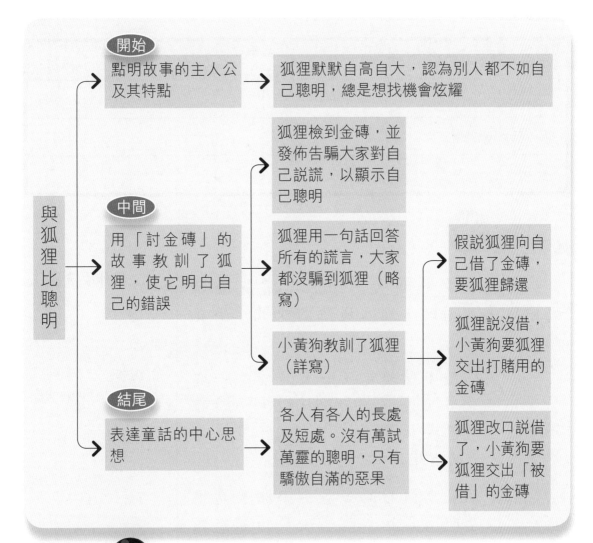

與狐狸比聰明

開始
點明故事的主人公及其特點

→ 狐狸默默自高自大，認為別人都不如自己聰明，總是想找機會炫耀

中間
用「討金磚」的故事教訓了狐狸，使它明白自己的錯誤

→ 狐狸檢到金磚，並發佈告騙大家對自己說謊，以顯示自己聰明

→ 狐狸用一句話回答所有的謊言，大家都沒騙到狐狸（略寫）

→ 小黃狗教訓了狐狸（詳寫）

→ 假説狐狸向自己借了金磚，要狐狸歸還

→ 狐狸説沒借，小黃狗要狐狸交出打賭用的金磚

→ 狐狸改口説借了，小黃狗要狐狸交出「被借」的金磚

結尾
表達童話的中心思想

→ 各人有各人的長處及短處。沒有萬試萬靈的聰明，只有驕傲自滿的惡果

良師點評

　　作者通過一篇描寫細膩、形象生動的童話故事，講述了人各有長處及短處道理。文章開篇交代了狐狸的「小陰謀」，隨後在小黃狗與狐狸的對話中闡明文章的題旨。故事淺顯易懂，道理深刻。

牙齒再也不疼了（童話）

我的寫作大綱

關鍵詞 _____

	段落大意	內容
開始		
中間		
結尾		

佳作共賞

　　小豬喜歡吃甜食，而且常常背着媽媽偷偷吃，因此，別人送她個外號「小貪吃」。

　　豬媽媽給小豬規定，一天只能吃一塊糖，不能吃多，否則就要打屁股。小豬可不管這些，她趁媽媽不注意，吃一塊；趁媽媽上洗手間，吃三塊……

　　在一個空氣清新的早晨，小豬夢見媽媽從零食店中買了很多糖果。商店裏各式各樣的糖，媽媽幾乎都給她買了，小豬饞得直流口水。當她從甜美的夢鄉中醒來的時候，剛巧媽媽果真買了一堆糖果，又急忙出門參加盛大的婚禮去了。

　　小豬想：我終於可以大飽口福了！她從抽屜中狠狠地抓出一大把糖果來，放在

寫作手法

動作描寫，表現小豬「貪吃」的性格，形象生動

一個潔白如鏡的大盤子裏，並放在自己的桌上，這樣，媽媽來了以後，她就可以迅速地把糖放進抽屜裏，不被媽媽發現。做完了準備工作，小豬便津津有味地吃了起來。

吃着吃着，小豬感到嘴裏一陣痛楚，而且痛得越來越屬害，最後，小豬痛得號啕大哭。正巧，豬媽媽參加完婚禮回來了，聞聲而來，看見小豬的桌上擺着一大盤糖果，而且旁邊還有許多糖紙，明白了這一切，趕緊把小豬抱到醫院。

熊醫生檢查小豬口腔，和藹地問：「小豬，你是不是特別喜歡吃甜食？」「是的。」小豬面紅耳赤地低聲說道。熊醫生語重心長地說：「貪吃糖果會腐蝕牙齒，形成蛀牙。長了蛀牙可是很疼的，這個感覺你肯定忘不了。你以後要少吃甜食，多吃飯！」小豬重重地點了點頭。

小豬按照熊醫生的囑咐去做，從此，她的牙齒再也沒有疼過，身體也比以前結實、豐滿多了，「小貪吃」這個外號也漸漸被大家淡忘了。

(侯瑩瑩)

一系列的動作描寫，將小豬準備「偷吃」糖果的過程描述清楚，突出了小豬貪吃的性格特徵

語言、神態描寫，點明了牙齒疼痛的原因，給讀者留下深刻的印象，有教育意義

思維導圖

關鍵詞　小貪吃　糖果　牙痛　醫院

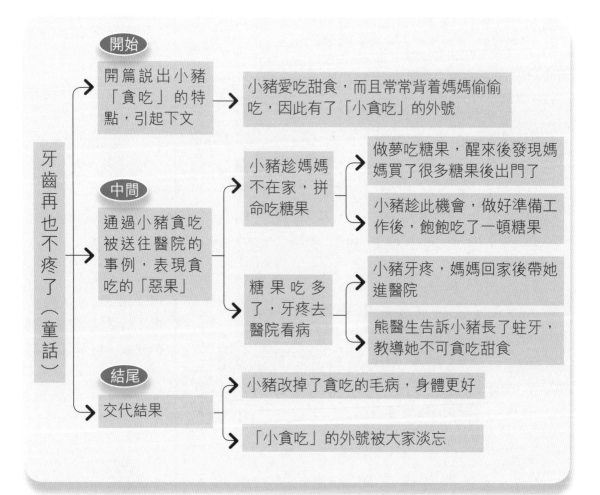

牙齒再也不疼了（童話）

開始
開篇説出小豬「貪吃」的特點，引起下文
→ 小豬愛吃甜食，而且常常背着媽媽偷偷吃，因此有了「小貪吃」的外號

中間
通過小豬貪吃被送往醫院的事例，表現貪吃的「惡果」

小豬趁媽媽不在家，拼命吃糖果
→ 做夢吃糖果，醒來後發現媽媽買了很多糖果後出門了
→ 小豬趁此機會，做好準備工作後，飽飽吃了一頓糖果

糖果吃多了，牙疼去醫院看病
→ 小豬牙疼，媽媽回家後帶她進醫院
→ 熊醫生告訴小豬長了蛀牙，教導她不可貪吃甜食

結尾
交代結果
→ 小豬改掉了貪吃的毛病，身體更好
→ 「小貪吃」的外號被大家淡忘

良師點評

　　看到小豬被蛀牙折騰得進了醫院，大家才知道貪吃甜食的可怕後果，這也正是作者要表達的中心思想。作者通過一系列生動形象的動作描寫，凸顯了小豬的貪吃。他運用了這些語言、神態描寫手法，生動地刻畫了貪吃小豬的形象，非常成功。